定年後に読む
不滅の名著200選

文藝春秋編

文春新書

1442

はじめに

人と本の出会いは一度きりではありません。

名著と言われる本には、必ず二読三読に耐えうる深みがあります。

歳月を重ね、人生経験を積んだからこそ発見する魅力があるでしょう。

あるいは、若い日にはおぼろげだったものが、くっきりと輪郭を持つ瞬間もあるに違いありません。

豊かな読書体験を持つ各界の識者が真の名著を選んでくださいました。

本書のタイトルは「定年後に読む〜」になっておりますが、定年を迎えた方もこれからの方も、手に取ってもらえたらこれに勝る喜びはありません。

編集部識す

※選者の中には故人も含まれます。選者本人もしくはご遺族から訂正が入らない限り、肩書は初出当時のままとしました。

定年後に読む不滅の名著200選◎目次

山折哲雄×藤原正彦×福田和也×島田雅彦

第一章　定年後に読みたい30冊

『触手』小田仁二郎（真善美社・絶版） 選／瀬戸内寂聴（作家）

小田仁二郎は山形県東置賜郡宮内町に生れている。父は医者で裕福な家庭に育っていた。中学時代に新潮社の世界文学全集を読み文学青年になる。早稲田の仏文科に学び、「ヴァリエテ」「紀元」などの同人となって小説家を志す。卒論はモーパッサンだった。卒業後都新聞に勤める。同僚に井上友一郎、北原武夫がいた。昭和十六年、都新聞を退社し文学に専念する。昭和二十三年、真善美社のアプレゲール叢書の一冊として創作集『触手』が出版された。

――私の、十本の指、その腹、どの指のはらにも、それぞれちがう紋々が、うずをまき、うずの中心に、はらは、ふつくりふくれている。それをみつめている私。――

そういう書き出しの文章は、それまで誰も見たことはなかった。短く句読点で切られた漢字の少い文体は、大きく力強い息の吐けない半病人の、やせた男が鉛筆を握りしめ、肉のそげた細い指で書いているような感じがした。

それを読むと体じゅうの毛穴に目に見えないほど小さな虫がうごめいているような目まいを覚える。幼童のヰタ・セクスアリス。

それはやはり衝撃的な文体であった。

福田恆存が巻末に文を寄せていた。

「『触手』はヨーロッパ文学の今日の水準に達してゐる作品であり、その土地に移し植ゑても依然として新しさを失はぬものであるにそういない」、「知性の文学であつて、一見さうみえるやうに感覚の世界にあるものではない。したがつて、その精神はあくまで実証主義的である」

『触手』を読んで文学を志したと熱っぽく語る若い人に、私はどれほど多くめぐりあったことだろう。自分には全く遠い感性や思考の作者に魅いられ憧れて、生涯のある時期、私は濃密な愛と苦悩を分ちあった。文学の手ほどきを受け、小説家として育てられた。しかし彼自身は『触手』を超える作品に恵まれず、舌ガンで六十八歳の苦悩の生涯を閉じた。

『アブサロム、アブサロム！』フォークナー（篠田一士訳・河出書房新社）
選／木田元（哲学者）

八十四歳になってしまった。病後でもあるし、生きているうちに読める本の数はどんどん減っていく。もうアタリハズレのある新しいものに手を出している暇はなさそうだ。むかし一度読んで深い感銘を受け、いったいなににあれほど感動したのだろうか、ぜひもう一度確かめてみたいと思いつづけてきた本が何冊かある。それを読みなおしてみるので精いっぱいだろう。
なかでも気にかかっているのが、フォークナーのこの本だ。第二次大戦後、三十歳前後のころ、サルトルやクロード＝エドモンド・マニーといったフランスの評論家たちに教えられて、アメリカのいわゆる「失われた世代」の作家たちを夢中になって読んだことがあるが、圧倒的だったのがフォークナー、殊にこの作品だった。

フォークナーは、自分の故郷、アメリカ最南部のミシシッピ州にヨクナパトーファ（「裂けた土地」という意味のインディアン語）という名の架空の郡と、そこに住む十ほどの架空の家系を設定して、その小宇宙を舞台に、生涯かけて七十篇ほどの長短の作品を、多様な前衛的手法を駆使しながら書いたが、『アブサロム、アブサロム！』は、その「ヨクナパトーファ伝説群（サーガ）」と呼ばれるものの頂点をなす作品である。

一八三三年、この郡のジェファソンの町に突然トマス・サトペンという傲岸な男が、馬に跨り一団の黒人奴隷を引き連れて現れ、郊外の土地をインディアンから強奪し、屋敷を建て壮大な農園を開いた。その後トマスは町の商家の娘と強引に結婚し、一男一女をもうけるが、彼にはほかにも、以前ハイチで混血の先妻に産ませた息子や黒人奴隷に産ませた娘がいる。やがて南北戦争をはさんで、成長したこれら同腹異腹の子どもたちのあいだで、近親相姦やそれに絡む殺人事件が起こる。トマス自身も戦後は零落し、孫のような貧農の娘を妊娠させ、その祖父に大鎌で斬り殺される。

　この小説は、旧約聖書かギリシア悲劇にでも出てきそうなサトペン家のこうした一連の事件が、半世紀後の一九〇九年に、立場の異なる三人の人物によってそれぞれの視点から語られ、次第にその全容を表わすという複雑な構成をとっている。

　今は、愛し合った者たちも憎み合った者たちもみな死に絶えて事件は霧に包まれ、残ったのは廃屋となったサトペン荘だけ、それもこの年に焼け落ちてしまい、あとにはただ茫々と時間が流れていくばかり。どうやらこの作品の主役はこの「時間」であったらしい。

　これを読み終えたあと私は、ドストエフスキーの『悪霊』を初めて読み終えたときと同様、数日茫然としていた、自分の存在を根底から揺さぶられる不安と快感を同時に味わいながら。文学のもつ力のすごさをいやというほど教えてくれた作品である。その力の秘密をもう少しだけ解き明かしてみたいのだ。

　本来なら本業の哲学からなにか一冊選べばよさそうなものだが、なぜそうしないのか、そのわけを考えてみよう。

　どうやら哲学書のばあいには、分かるものは一度読んだだけでよく分かるし、分からないものは何度読んでもピンとこないものらしい。繰りかえし読んでいくうちに次第に分かってくるといったものもないわけではないが（私にとってハイデガーの『存在と時間』がそうだった）、そんなすごい牽引力のある本があれば、本業なのだから当然すでにそういう読み方をしているはずだ。したがって、ここでは「再発見」ということが起りにくい。どうもそういう仕組みであるらしい。

『夜と霧』V・E・フランクル（霜山徳爾訳・みすず書房）選／小川洋子（作家）

初めて『夜と霧』に出会ったのは高校の図書室だったと思うが、その時は巻末に収録された写真の惨さに圧倒されるばかりで、フランクルの言葉を受け止めるだけの余裕がなかった。枯れ木のように積み上げられた死体の山や、袋詰めにされたガス室の犠牲者の髪や、人間の皮で手袋を作ったイルゼ・コッホの写真の前では、どんな言葉も無力に思えた。

ようやく心を落ち着けて本文と向き合えるようになったのは、二十代で小説を書きはじめてからだった。フランクルは自分が被った暴力の残忍さを声高に訴えてはいなかった。あれほどの理不尽にさらされ、文字通り命以外のすべてを奪われたにもかかわらず彼は、〝すなわち最もよき人々は帰ってこなかった〟と記した。極限状態に置かれた人間の内面をただひたすら凝視することによって彼が救おうとしたのは、自分自身ではなく、死者であったのかもしれない。

一人の囚人がジャガイモを盗んだ罪により、収容者全員に絶食の懲罰が与えられた夜だった。寒さと飢えが頂点に達した時、フランクルはブロックの代表者から、これ以上の自己放棄に陥らないため、精神医学者として話をしてほしいと頼まれる。その夜はフランクルが収容所で本来の自分の職務を果たす、ほとんど唯一の機会となった。

彼は自分たちの過去は永久に確保されていると語る。たとえ財産を没収され、名前を消され、髪を刈られようとも、記憶が奪い去られることはない。光は予測不可能な未来からではなく、過去から射してくる。

そういう確かな手ごたえを呼び覚ました上で彼は、自分たちの犠牲に意味を与えようとする。この苦痛と引き換えに、愛する人の苦痛が取り除かれるよう天に願えば、自分の犠牲は究極の意味で満たされる。

フランクルが話し終わった時、やせ衰えた仲間が目に涙をため、よろめきながら近寄ってきた。彼に感謝を述べるためだった。

そこにいないはずの妻と会話し、空しく消え去ったかと思える過去にこそ存在感を見出し、極限の精神力で犠牲を受け入れようとする。こうした人間の心の働きが、本書で最も有名な場面、収容所に沈む太陽を見て誰かが口にする一言、

「世界ってどうしてこう綺麗なんだろう」

につながってゆく。

ある時フランクルは、医師として病人の囚人に付き添い、収容所を移動することになる。病人のグループと残るグループ。前者の方がより死に近いはずだった。フランクルは残る友人に、妻への遺言を託す。泣きじゃくる友人に向かい、一言一言、口伝えで、どんなに妻を愛していたか語る。

結局、友人は亡くなり、フランクルは生き残った。妻もまた、口伝えの遺言が残されるずっと以前に死んでいた。

『夜と霧』を読み返すたび、収容所で交わされただろう数々の言葉について考える。死者との声にならない会話、どこにも行き着けなかった遺言、世界の美しさをたたえる独り言。それらがすぐ耳元で聞こえてくるように感じる。そして耳を澄ませることと小説を書くことが、自分にとってとてもつながりの深い行為であるのを、教えられるのだ。

『日本敵討ち異相』長谷川伸（国書刊行会）選／池内紀（ドイツ文学者・エッセイスト）

たいていの人が思っている。敵討ち（かたきうち）にあっては、敵を討った方が正しくて、討たれた方は悪いヤツ——。

ちがうのだ。べつにそうとはかぎらない。日本人が発明した「敵討ち」という制度の特異なところで、どういうわけでコトが生じたのかを問わないのだ。理がどちらにあり、非がどちらにあったのかも問わない。「問題にしているのは、殺された殺したという、事の結果だけであった」。そのためつねに「かたき」は悪人で、討った側が善人になる。赤穂浪士に見るとおりで、首をとられた吉良は永遠に憎まれ、討ち入りをした浪士たちは、のちのちまでも誉めそやされる。

長谷川伸は作家になる前、新聞社に勤めていた。社会をよく見て、世間というものをよく知っていた。だからこそ日本的な「正義」の手段の異様さに気づいたのだろう。ひろく敵討ちにまつわる資料を集め、そこから選びに選んだ十三の敵討ちを実録風に書きとめた。

日本という国、日本人、また日本の文化を考えるとき、いつもこの本にもどっていく。鋭い批判が仕込んであるからだ。

「山本孫三郎（良顕〔よしあき〕）は、敵持ちの身の上になった事件のとき、三十一歳で、部屋住みで、独身であった」

まるきり自分と関わりのないところで、ささいなことから諍〔いさか〕いごとが生じ、とたんに自分が「かたき」としてつけ狙われる身になっていた。ふとした一瞬に人生が無気味にきしみ始める。

わが国独特の正義のシステムを生み出し、継続させたものについても、きちんと書きこんである。

「事実を知らざるものほどうまい具合に云いまわすものである」

アカの他人、一般に「世間」とよばれるもの、それが見張っていて敵討ちへとせき立て、追い立てる。ひとたびことが起こるやいなや、世間があれこれ言いそやし、いやでも敵を討つ人にならなくてはならない。

討つ方と討たれる方の十三の異なったケースを通して、古くて新しい日本人の精神風土がじりじりとあぶり出される。

『幼ものがたり』石井桃子（福音館文庫）　選／川上弘美（作家）

『クマのプーさん』『ちいさいおうち』などの翻訳や、名作『ノンちゃん雲に乗る』で知られる石井桃子さんは、明治四十年、今から百年とほんの少し前の生まれである。

本書『幼ものがたり』は、石井桃子さんが生まれ育った埼玉県、旧中山道ぞいにある旧家での幼い頃の暮らしをつづったものだ。「早い記憶」「身近な人びと」「四季折々」「近所かいわい」「明治の終り」「一年生」の六つの章からなるこの本は、石井桃子さんが生まれてから小学校に入学するまでの記憶をつづったものである。百年前の生活が、この本にはなんと生き生きと描かれていることだろう。

現在五十四歳であるわたしが生まれるよりも五十年近く前の、石井桃子さんの明治の生活。それは、わたしが覚えている幼い頃――すなわち昭和三十年代――に、近くもありまた遠くもあるものだ。三キロ先にある家から嫁いできた母親は、まだ三キロを歩き通すことのできない幼い石井さんのために、人力車を雇う。祖母の葬式は家でおこなわれ、こっそり死者の足をさぐってみると、つめたい。朝からなんだか背中をひっかくものがあると思っていたら、それは昨夜、着物の中に忍びこんだねずみだった。父のいとこの「まあちゃん」は、小さい時に大患いをして、今はもう大人だけれど、家の居候としてぶらぶらしている――。

人力車も、背中にねずみが忍びこむことも、驚くほど昔のことのようにわたしには思えるが、家で死に水をとることや、家でぶらぶらしている居候は、なじみがある。自分の小説の中に、「現在とそれほどはかけ離れていない少し前」であるつもりのことを書くと、時に「明治くらいのことですか」と聞かれることがある。若い人にとって、少し前の生活は想像もつかないものなのかなあと、そんな時しみじみ思うけれど、実は生活はそれほどドラスティックに変化するものではなく、ゆるやかに漸進的に変化しているというのが事実だろう。わたしの記憶の中にあるものと、あなたの記憶の中にあるもの、若い記憶の中にあるものと、年季のいった記憶の中にあるものは、重なりつつ、遠ざかってゆく。

五十歳になった時にびっくりしたのは、「半世紀生きてしまった」ということだった。でも、半世紀は、想像していたよりもずっと短かった。

百年前の、自分の知らない景色の中にも、たしかに自分はいる。百年後の景色の中には、はたして自分の記憶はつながってゆくのだろうか。そのことを思いめぐらせながら、なつかしく、また新しく、わたしは本書を読み返すのである。

『原源氏物語』折口信夫（未刊）　選／岡野弘彦（歌人・国文学者）

小林秀雄が『本居宣長』を書くための相談に訪れた時、折口信夫は丹念に質問に答えたのち、大森駅まで送ってゆき、改札口を出た小林を呼びとめて「小林さん、宣長さんは何と言っても源氏ですよ」と深い思い入れをこめた一言を叫んだ。小林は『本居宣長』の冒頭にこの言葉を印象深く記している。だが、折口のその言葉は、『本居宣長』では「小林さん、本居さんはね、やはり源氏ですよ」とやわらげられ、著作全体の中でも折口の意図は伝わっていない。小林さんはもう一度折口を訪ねられたらよかったと思う。

一緒に送って行った私に帰り道で折口は、「若い宣長が深い愛着と理解を持ったのはまず源氏物語なんだよ。それに比べると古事記伝は、いまひとつだね」と言った。郷里が伊勢の松阪に近い私は、古事記伝はよく読んでいたけれど、その時すぐに折口の言葉の真意が理解できたわけではない。

学生中に内弟子としてその家に入って七年目の昭和二十八年九月、折口は六十六歳で世を去った。晩年の数年、折口は源氏物語に関する論を次々に書き、また心中に深く「原（ウル）源氏物語」の構想を抱いていた。それは現存源氏物語の文献学的な本文校訂の作業ではなく、中国の漢書・後漢書を意識した日本書紀とも違って、日本の根生い（ねお）の神話・伝説・物語の流れを継ぐ理想の長篇物語を完成させたいと考えていたはずである。

「源氏物語は何としても長すぎる。あれを三分の一くらいにすることができたら、もっと多くの人が親しんで読めるはずだ」と言って、文庫本源氏物語の頁ごとに、書き込むための横長の紙を継ぎ貼りさせて、部厚くふくれあがった一冊を前にしながら、「桐壺の巻はわりあい簡単に整理できるよ」とも言った。しかしその頃から健康が失なわれて、筆を進めることは無くなった。

宣長の源氏物語への執着は、若き光源氏と六条御息所との恋の端緒がもの足りないとして、自身で「手枕」一巻を書き、折口は古代を見事によみがえらせた小説『死者の書』を書いた。さらに宣長に「もののあはれ論」があり、折口にそれを押し進めた「いろごのみ論」がある。百五十年をへだてた二人の間に期せずして通いあった思いの深さを考えると、心の粛然とするものがある。

宣長は生涯に源氏五十四帖を三回くり返し講義し続け、四回目のなかばで終った。折口は源氏より万葉研究の方が早いのだが、大正十三年から師の三矢重松の遺志を継いで、源氏全講会を慶応義塾大学で没年まで続けた。

私は国学院大学での停年を終え、外に会場を求めて源氏物語全講会と、古事記全講会とを続けて十余年になる。二つの大きな古典に流れあい、ひびきあう日本人の魂がふっと私の心をふるいたたせ、胸の奥の伝統的な和歌のしらべをよみがえらせ、お二人の先人の心に熱く通わせてくれるのである。来年は折口信夫の没後六十年、私は数えで九十歳になる。

『月と六ペンス』サマセット・モーム（厨川圭子訳・角川文庫） 選／諸田玲子（作家）

中学生の頃、英語の塾に通っていた。といっても、当時はまだ塾に通う子供は少なく、とりわけ地方都市では稀だったから、なぜ勉強嫌いの私が通うことになったのか、今となっては思い出せない。ともあれ、その塾はとても風変わりだった。頑固で偏屈な先生が、奥さまが切り盛りする猫の額ほどの本屋の二階で、これまた細々と、学校の授業の即戦力にはなりそうにない英語をマイペースで教えていた。

教材はサマセット・モーム。先生はモームの信奉者でもあった。中学生には難解で私はちんぷんかんぷん、叱られてばかりいた記憶がある。それならさっさとやめてしまえばよいのに、やめなかったところをみると、どこかに魅かれるものがあったのだろう。

モームを再読したのは二十代の後半になってからだ。なにかの拍子に本箱の奥で忘れ去られていた対訳や文庫を見つけ、どうして先生はあんなにもモームが好きだったのか知りたくなった。勉強をはなれて読んでみたら、思いのほか面白い。それでも人生経験が乏しかったためか、心ふるわすほどの感動には至らなかった。

再再度、読み直したのは、小説を書きはじめてからである。モームは、人情の機微、などという月並みな言葉では物足りないほど、鮮やかに人間の本能や情念をえぐり出している。その洞察眼は機知に富んでいて、はっとさせられたり、うならせられたり。

《「どうして善良な婦人は退屈な男と結婚するんだろう?」
「だって、頭のいい男は善良な婦人と結婚したがりませんもの」》

《苦労は性格を気高くするというが、あれはうそだ。幸福が性格を気高くすることは時々あるが、苦労は大抵の場合、人間をけちに、執念深くさせるものである。》

どちらも『月と六ペンス』からの引用である。こうしたモームのアフォリズムを楽しむには、たしかに、酸いも甘いもかみ分けた大人にならなければならない。

なかでも、ポール・ゴーギャンをモデルにした天才画家の数奇な人生をモームの分身らしき小説家がたどってゆく『月と六ペンス』には感銘した。比べるべくもない凡才ながら、ある日突然、書くことに取り憑かれた私にはこの画家の、ただ「描かなくちゃならないんだ」という理屈を超えた芸術への執念が身に迫る。「美を創り出そうとする熱情」に取り憑かれた画家が、冷酷で野蛮な「いやらしい男」であったことも、芸術の本質を考える上で興味深い。人間という最大のミステリーを、モームに翻弄されながら解き明かしてゆくのは極上の時間だった。

蛇足ながら、私が件(くだん)の塾をやめたのは、先生が交通事故に遭われたためである。後遺症でモームも英語も、ご家族すら忘れた先生の童子のような笑顔を思い出すたびに、原色に彩られたタヒチの風景が浮かんでくる。

『遠野物語』柳田国男（岩波文庫／『遠野物語・山の人生』所収）

選／**三浦佑之**（国文学者）

はじめて読んだのは一九六八年、大学三年生の時だった。

吉本隆明『共同幻想論』に影響されて、すでに四十数年が過ぎた。それ以来、『遠野物語』とのつきあいは途切れることなく続き、いつの頃からか文庫本を片手に遠野へ出かけるようになる。自分の生まれ育った三重県の山村に比べればとても開けた土地ではないかというのが最初の印象だったが、遠野通いを続けるなかで、『遠野物語』に載せられた話を通して、村落の伝承はどのような構造をもって伝えられているか、共同体や国家はどうとらえられるか、古代の伝承と遠野の伝承とではどのような共通性や相違点があるか、というようなことを考えてきた。あくまでも表現世界のなかで、『遠野物語』をとらえようとしてきたのである。

ところが、3・11の大震災と大津波を契機として、それまでとは違う『遠野物語』が見えたように思った。それは、話は伝承構造や様式のなかで存在するとともに、土地に根づいて語られる表現でもあるという、ごく当たり前の認識であった。

『遠野物語』には、釜石や大槌・吉利吉里（吉里吉里）そして山田、今回の津波で大きな被害を受けた地名がしばしば顔をだす。それは、遠野とそれらの土地とは、経済的にも婚姻圏としても緊密につながっているからに他ならない。そのことがよくわかったのは、今回の津波に襲われた直後から、遠野は、行政も民間もこぞって三陸地域の支援活動を開始したことである。

また、後方支援の基地となってさまざま救援隊を受け入れ、現在も文化財復興などの支援活動を続けている。

甚大な被害が出たという情報が入るか入らない時から動き出せたのは、遠野と三陸とのつながりが歴史的な深さをもっていたからに違いない。昔から今まで、遠野と三陸の各地は、何本もの峠道によってつながれ、人も物も往き来していた。そうした日常の蓄積がとても大事だということを、今回の震災は教えてくれた。掛け声だけの「絆」ではないつながりが、『遠野物語』の伝承群から読めてくるのである。これは、3・11を体験してはじめて理解できたことであった。

もうひとつ、3・11を通して思いがけず読めてきたのは、幽霊のことだった。『遠野物語』第九九話には明治三陸大津波の時の話があって、津波に飲まれた女房が、昔好きだった男と海のほうから歩いて来るのに出逢ったという聟(むこ)の体験談になっている。その聟は遠野の出身だった。

なぜ、津波で死んだ女房が幽霊になって出てくるのか、しかも昔の男と。以前はよくわからなかったのだが、幽霊に会うというのは、今回の津波で行方不明になった人たちの肉親や親戚にとって切実な願望だということを、ノンフィクション作家石井光太氏の『津波の墓標』に教えられた(『読楽』二〇一二年三月号)。石井氏は、津波で家族や親戚が行方不明になっている人たちが、幽霊が出たというと現場に駆けつけてひと目会おうとするという体験を記している。ここに現れる幽霊というのは、懐かしくどうしても会いたい相手なのだ。

『遠野物語』が死んだ女房と昔の男を語るのは、そうすることが、遺された者にとっては鎮魂になるからではないか。そんなふうに読むのがいいのではないかと思うようになった。

【追記】『遠野物語』には、活字化される前の、柳田国男の手になる毛筆草稿、印刷用のペン書き原稿、朱入り初校ゲラの三点が遺されており、現在は遠野市立博物館に所蔵されている。それらが二〇二二年一月に複製された（原本遠野物語編集委員会編『柳田國男自筆　原本　遠野物語』岩波書店）。遠野の人・佐々木喜善の語った土地の伝承が、柳田によって文字化される過程が詳細に追えるようになった。比べながら読んでみるのも興味深いのではないかと思う。

『老子』（岩波文庫）　選／楊逸（作家）

消極的なイメージを持つ道教思想は、若者に読まれるのは好ましくない、と中国でよく言われている。とりわけ私の学生時代は、文化大革命が終わって間もない頃で、「老子」をはじめとする前秦時代の諸子は「腐朽」の思想とされ、まだ解禁されていなかった。

幸い我が家の本棚には、父が諸子百家の本をほぼ揃えていたので、一通り読むことができた。生まれつき消極的な性格なのか、私にはなぜか老子思想が響いた。

「道可道、非常道」――「『道』が説明つくものなら、それは普通にいう『道』ではなかろう」開篇一番、この言葉が飛び込んできた。思想の魂となる「道」を説く書物なのに。

ならば普通にいう「道」とはなんですか？　少々苛立ったりもしたが、読み進めていけば、「故道大、天大、地大、王亦大。域中有四大、而王居其一焉」と、道も天も地も王も重要だが、四つのうちで王が地球上において最も重要な存在であると位置づけ、そして「人法地、地法天、天法道、道法自然」と続ける。最も重要な存在である人間は、地に従い、地は天に従い、天は道に従い、道は自然に従う、という。

字面を眺めてなんとなくわかったつもりだったが、近年になって人間と自然との「戦い」によって起きた諸問題を目の当たりにして、ようやくわかったような気がしてきた。

人間は自分たちが地球上において最も重要な存在だと認識している。その認識によって、ほしいものなら何でも入手しようとし、やりたいことなら何でもやろうとする。つまり自然に従うというよりは、むしろ自然を自分たちに従わせようと努力してきたのである。結果、夏は二〇度に設定した冷房の中で快適に過ごせ、スイカを食べたければ、たとえ冬でもスーパーに行けば買える。夜はネオンの煌く町を飲み歩き、昼は遮光カーテンに守られ、気持ち良く夢を見る。思い通りの生活を手に入れたようだが、これで満足かと問えば、決して「はい」の答えになるわけではない。一方の自然は、そんな人間に我慢ができず暴れ出している。

しばらく前に「老子」を読み返した。「無為之治」、更に「為無為」の両句が脳裏にこびりついて離れない。前者は「無為にして治す」という意で、後者は「あえて無為を行う」。無為――自然に刃向かって戦うのではなく、自然に従いながら物事を進めていく、というふうに解釈もできるではないか。

病気をすれば、病気なんてなくなれば良いのにと思うし、年を取るにつれ、死なずに永遠に生きられたらなと思う。悪いことに遭遇すると悪を世から一掃したくなるし、つらいことや苦しいことがあると、ついなんで私ばかりと不平を言ってしまう。

老子はまた言う「天下皆知美之為美、斯悪已。皆知善之為善、斯不善已」――世人誰もが美を知っているのは、悪があるからだ。善とは何たるものかをわかるのも、不善があるお陰だ、と。

夢は見るものではなく、叶えるものだ、という名言があるが、私は「老子」を読みながら、思わず「夢は叶えるものではなく、見るものだ」と呟いてしまった。

『現代人物評論』馬場恒吾（中央公論社・絶版）選／御厨貴（政治学者）

政治家の人物評論や評伝の類で、なかなかこれはと言ったものに出会わない。その場限りで読み捨てられるものなら、たくさんあるのだが。評伝で言えば、今でも岡義武の『山県有朋』（岩波文庫）は古典中の古典だ。山県という政治家を通してみた明治日本の姿は鮮かである。

人物評論ではどうか。古書でしか入手できないが、馬場恒吾の『現代人物評論』（一九三〇年）と『政界人物風景』（一九三一年）をあげよう。馬場恒吾（一八七五―一九五六年）は、二十世紀前半の半世紀を生き抜いたジャーナリストで、徳富蘇峰の「国民新聞」記者として十年勤務した後、一九二〇年代半ばから独立して、フリーの政治評論家となった。馬場は、政党政治から戦時体制へむかう激動の昭和戦前期の政治外交をウォッチングしながら、「政界人物評論」を『中央公論』や『改造』といった月刊総合雑誌に書き続けた。

きっかけは一九二八年の田中義一の人物評論である。その後、政友会・民政党の時代を担う政治家を次々と取り上げるにつれて、『中央公論』でも、馬場の「政界人物評論」は正宗白鳥の「文壇人物評論」と並び称され、固定読者を獲得するに至る。

政治評論としての人物評論は、現に活躍中の旬の政治家を相手にしなければ価値が無い。では対象となる政治家を舌鋒鋭く徹頭徹尾批判し、切りきざむことが人物評論の要諦か。馬場は決してそうは考えなかった。馬場が最初に田中義一を取り上げた時のことだ。馬場が理想とする政党政治の発展にとって、田中ははなはだ危険な人物であった。そこで馬場は政党政治擁護の視点から、徹底的な田中批判を書こうと思い立った。

だが田中周辺の取材を進めるにつれ、馬場は自らが「ドン・キホーテ」と揶揄した田中の真実の心持が分かった。「軍人としての彼は冴えた切れ味を見せたらしいが、政治家としての彼は鈍刀であった」と述べて、むしろ田中の人間味の深さを評することに変わった。

「甘い！」と人によっては馬場の人物評論を気に入らなかった。だが馬場はこう述べる。

「何か其処に味があるところを発見出来なければ、寧ろ始めから其人物を批評しない方がよい」

「悪評ばかりせねばならぬ人物は、元来人物評論の題として取り上げる価値のない人物だ」

そう思って、政党内閣全盛期の産物たるこの二冊を読むと、個々の政治家の人間味あふれる個性を知ることができる。政治家本人も気づかぬ人間味に触れることができれば、「政界人物評論」は成功したことになる。

古典的名著としての価値を、馬場の「政界人物評論」は明らかに持っている。あの戦前の政党政治が何故戦時体制にとってかわられたのか。この二冊とそれに続く馬場の著書を読むことによって、それは理解される。そして同時に二十一世紀の今、また迎えた政党政治の危機の諸相を政治史の中から読み解く恰好の糧となることだろう。

『晩年』太宰治（新潮文庫） 選／三浦雅士（文芸評論家）

『晩年』は太宰治の最初の小説集だが、その第一行は「死なうと思つてゐた」である。正確には冒頭の短編「葉」の出だしなのだが、小説集全体の出だしでもある。長いあいだ、なぜ死のうと思っていたのか分からなかった。まあ、誰だって死にたくはなるだろう。太宰が終生、死にたい、死にたい、と叫ぶようにして生きたことは誰でも知っている。というか、そういう人間はざらにいる。問答無用の断言が不問に付されてきた理由だろう。

だが、『晩年』はよくできた小説集だ。さながら詩集である。甘たるいという意味ではない。短編十五篇が緊密に構成されているのだ。「葉」の次が「思ひ出」、その次が「魚服記」である。素晴らしい短編というか、詩である。核心を引く。

《「お父。」

スワは父親のうしろから声をかけた。

「おめえ、なにしに生きでるば。」

父親は大きい肩をぎくつとすぼめた。スワのきびしい顔をしげしげ見てから呟いた。

「判らねぢや。」

スワは手にしてゐたすすきの葉を嚙みさきながら言つた。

「くたばつた方あ、いいんだに。」

父親は平手をあげた。ぶちのめさうと思つたのである。しかし、もじもじと手をおろした。スワの気が立つて来たのをとうから見抜いてゐたが、それもスワがそろそろ一人前のをんなになつたからだな、と考へてそのときは堪忍してやつたのであつた。

「そだべな、そだべな。」

スワは、さういふ父親のかかりくさのない返事が馬鹿くさくて馬鹿くさくて、すすきの葉をべつべつと吐き出しつつ、

「阿呆、阿呆。」

と呶鳴つた。》

解説無用だろうが、一言だけ。「馬鹿くさくて馬鹿くさくて」とは、津軽弁の「馬鹿くせ」のニュアンスを引いている。そしてこの津軽弁の「馬鹿くせ」は、標準語の「馬鹿らしい」とも、関西弁の「アホくさ」ともかなり違う。端的に「不条理だ」という意味なのだ。このニュ

アンスについては、やはり津軽出身の直木賞作家・長部日出雄が再三力説するところでもあり、こちらの独断ではない。苛酷な風土に生きることを強いられた津軽人の、存在そのものへの怒りが込められている、とでも言うべきか。太宰は津軽人に、いや少女スワに、人類の全体を代表させているのである。その優しさが切ない。短編はスワの自殺で終わる。

指摘するまでもない。『晩年』は不条理の文学である。刊行は一九三六年。サルトルの『嘔吐』三八年、カミュの『異邦人』四二年に先んじている。戦後、実存主義を掲げて気勢を挙げていた知識人たちの能天気を嘲笑う資格はこちらにもないが、しかし、太宰治から保田与重郎にいたるまで、いわゆる日本浪曼派周辺の文学者の、その心情の核心に実存主義的なものが潜んでいたことは、深く考えるに値することである。

戦地に赴いた若者たちの多くが、じつは実存主義者に似た心情を胸に秘めていたのだ。太宰の『晩年』、とりわけ「魚服記」はその事実を教える。

『南嶋探験』笹森儀助（東洋文庫）選／椎名誠（作家・エッセイスト）

日本に秘境というのは殆ど無くなった。強いていえば北海道の知床半島と沖縄八重山諸島の西表島ぐらいだろうか。知床は熊がいる季節は入れないが、冬眠している積雪期には船やスノーモービルなど使えばわりあい楽に先端まで入っていける。その意味で西表島は日本で唯一残った「秘境」的な場所といってよいだろう。

この西表島を明治二十六年、青森県の弘前に住む笹森儀助という人が探検した『南嶋（なんとう）探験』（全二巻　平凡社東洋文庫）がたいへん面白い。民間人であったが儀助はその以前に日本の軍艦に乗って千島列島の探検に出ている。その実績を評価され、時の井上馨内相に日本の南西諸島の実態調査を依頼された。

「余ハ已（すで）ニ決死ノ上途ナレハ外貌強（しひ）テ壮快ヲ装フモ内実生別死別ヲ兼ネ血涙臆（むね）ヲ沾（うるほ）ス」という一文に誇張はないだろう。当時の日本人はその島の名さえ知らない人が殆どであったろうから、現代でいえばアマゾン奥地に単身入っていくような覚悟と度胸が必要だったろう。当時、青森からでは距離的にもだいぶある。五月十日に弘前を発ち、途中東京に数日滞在するが、那覇に到着したのは六月一日。西表島には七月十五日に到着している。那覇で諸手続きや旅続行の準備期間があったが、弘前から南西諸島に着くまで二カ月以上かかっているのである。

儀助は石垣島、宮古島、与論島、沖永良部島、徳之島、西表島と南西諸島の主な島をくまなく探索している。

しかし最初に会った島の人と儀助の会話は互いにまったく理解できなかったという。青森の人と琉球文化の人が会ったのだから殆ど異国人同士の会話だったのだろう。

　儀助が赴いた年の前年（明治二十五年）まで西表島には日本企業の経営する炭鉱があった。日本人のほかに台湾や李氏朝鮮から二〇〇人ほどの坑夫を集めた。島の生活は快適で裸の女がいるしバナナやパイナップルなど食べ放題といって駆り集め、殆どタコ部屋状態の劣悪な労働環境だった。三年間で一〇〇人ほどの死者をだし、生き残った人も殆どマラリアになってしまったという。この炭鉱は坑夫があおむけに寝てトロッコで内部に入っていくという狭い穴で、いまでもその炭鉱跡の片鱗がある。

　儀助が井上内相から依頼された用件のうち重要なのは、南島における砂糖の生産の実態調査だった。しかし、当時の南西諸島に住む人々の生活は貧困をきわめ、風土病などにも苦しめられているなかで重税で喘いでいる、というのが実態だった。儀助はそれら底辺で苦しむ日本の南方の人々の真の生活をこまかく取材し、その報告書をベースにしたのが本書である。自身も、密林の行脚の途中で、生米を水に浸して食べて焚き火にあたれば腹のなかで「めし」になる、などという一文を残している。探検調査の報告書として生き生きとしているのもこうした体験、実感が非常にリアルだからだろう。

『藝術と茶の哲学』久松真一（燈影舎）選／千玄室（裏千家十五代前家元）

著者の久松真一先生は、仏教哲学の泰斗。『藝術と茶の哲学』は、久松先生の『禅と美術』（昭和三十三年）や『久松真一著作集』（平成七年）を底本に、神戸大学名誉教授の倉澤行洋先生が編纂、解説されている本です。

久松先生との出会いは、昭和十四年です。京都大学に「心茶会」という茶道の研究団体を発足させるため、久松先生が私の父、裏千家十四代家元淡々斎を訪ねて来られたときでした。学者であって学者にあらず、飄々乎とした姿をみて、まだ旧制中学の四年生だった私は、いっぺんで「すごい先生だ」と思いました。当時久松先生は京都妙心寺の塔頭（たっちゅう）春光院の一隅に「抱石庵」と号した山居を構え、客に茶を点じ、独服を楽しむ、まさに日常即仏法の境地、禅でいう「喫茶去（きっさこ）」の精神で生きておられた方でした。

久松先生は禅を体得して茶道に入られた方ですから、この本は禅が主体です。冒頭の「禅藝術の展望」で、絵画、書、能楽など、禅に由来する文化財のありようを語り、なかでもお茶の哲学について、「禅の実践」と「茶道の実践」のふたつの見地から説いておられる。この本はウェイ・オブ・ティー（茶の道）を示しており、茶道を遊びや芸能とは別の観点でとらえ、茶道の文化とは宗教の実践の場だとおっしゃっています。実践にもとづくところが、岡倉天心『茶の本』との違いでしょうか。

そして、心とは何か、悟りについて思索しておられる。「心悟」です。四畳半の何もない茶室でお茶を点てて差し上げ、客が帰ったらすべて始末して無に戻る。千利休がつくりだした「無から有、有から無」という哲学の根底に、茶の面白さがある。究極の自己とは「主客未分」のもので、主客未分の境地、「無相の自己」に目覚める茶道はひとつの解脱ともいえます。芸術、哲学、宗教性がみな見事に統一されているところに、茶道文化の特異性があるとされています。あらゆる宗教、祈りの世界が茶道とあい通じ、一切の形を脱却した無相の自己にいたる茶道とは、「宗教のインカーネーション（受肉）」だと、独特の表現をされている。この本には、久松先生の茶道についての思索があふれているのです。

いままで、折りに触れては久松先生の本を読んできました。どうおっしゃっていたかな……とひも解いたとき、自分の考えと一緒であったらうれしい。そうでなかったら、そこでまた思索する。私にとって本とは、知恵、知識だけではなくて、心の持って行きどころですね。読めば読むほど自分の手引きになる。午前四時に起き、体操や座禅をして頭がすっきりしたところで一時間ほど読書し、考えたことをメモします。楽しい本も好きですよ。本は自分の勉学の一番の友です。人間は、ほんとうに悟ることなど容易にできません。死ぬまで勉強しなくてはならない。

私は久松先生のもとで学びたかったのですが、学徒動員で海軍に行き、特攻隊に志願して生き残りました。忸怩たる気持ちで復員した私に、「生きて帰ったのもひとつの定めや。それを運気として茶の道に励みなさい」と、久松先生はおっしゃった。二年間の海軍生活で何もかも捨ててしまった私は、久松先生、大徳寺管長の後藤瑞巌老師、鈴木大拙先生、吉川英治先生、そして私の父と、素晴らしい人格者に導いていただいた。いま、政局も、経済、外交も混迷して、日本人はうろうろしている。この本は、お茶を志していない方が読んでも、日本文化の真髄がわかり、日本人としてどう生きていったらいいかの指針になると思います。そして、お茶というものに関心を持っていただけたら、大変うれしく思います。

『魔の山』トーマス・マン（関泰祐、望月市恵訳・岩波文庫）選／奥泉光（作家）

トーマス・マンの『魔の山』を最初に手にしたのは浪人していた頃だ。七〇年代半ばのあの時代、近代教養主義の残照がまだあって、旧制高校以来の伝統からか、ゲーテ、トーマス・マンといったあたりは必須の課目であり、ほかにサルトル、ドストエフスキー、カフカなどが必修であった。で、順次読んでみたのだけれど、読み進み得たのはカフカとドストエフスキーのみ。ことにドストエフスキーは、予備校をさぼってはジャズ喫茶に入り浸る浪人生の心を深く捉え、まさしく「寝食を忘れる」感じで読んだ。

他はしかし退屈きわまりない。あの当時はサルトルが一番人気で、サルトルくらい読んでいないと大学へ行って恥ずかしいだろうと思い、我慢して活字に眼を据えるのだが、どうも面白くない。実をいえば、その後サルトルをちゃんと読む機会のないまま今日に至っている。ひょっとしたら、いま読むと面白いのかもしれないと、これを書きながら思ったので、今度読んでみます。

で、『魔の山』である。コルトレーンのテナー鳴り響く喫茶店の暗がりでは、やはりどうもぴんとこなかった。それこそ主人公のハンス・カストルプ同様、精神がまだまだ幼かったということなんだろうが、それから十数年、スイスのサナトリウムに向かう「単純な青年」とは縁のないまま過ごした後、三十歳を越えて、トーマス・マンを読むべき季節が再び巡ってきた。はじめに読んだのは『ファウスト博士』で、何か音楽関係の本を読んでいたら、これはシェーンベルクをモデルに主人公が設定され、ベートーベンの最後のピアノソナタはなぜ二楽章しかないのか、登場人物が小説中で長々解説していたりするというのを知って興味を抱き、読んだらこれが面白かった。そこで勢いをかって『魔の山』を久しぶりに紐解いて、驚愕した。面白すぎる！　数頁読み進んだらもうやめられなくなった。なにより二十歳前には全然分からなかった、トーマス・マン特有のイローニッシュな笑いのセンスにやられた。頁毎に可笑しく、しかも全篇には帝国主義時代の欧州の退廃と不安が濃密に漂う。まったくもって傑作であり、その後作家となった自分は、この小説を一つの理想としつつ現在に至っているのでした。

『国富論』アダム・スミス（杉山忠平訳・岩波文庫）　選／浜矩子（同志社大学教授）

今ほど、アダム・スミスの『国富論』が読まれるべき時は無い。つくづくそう思う。『国富論』の初版は一七七六年に刊行された。当時の世の中を大いに沸かせた。『国富論』を読んでいなければ人にあらず。どうもそんな具合だったらしい。だが、本書のメッセージは、ひょっとするとあの当時よりもむしろ今日の人々が耳を傾け、思いを馳せるべきものではないか。

なぜなら、本書が描出し、分析してみせてくれる経済活動の姿は、今日のそれとあまりにも違うからだ。もちろん、『国富論』の中には経済学上の普遍的要素が山盛りだ。アダム・スミスが〈経済学の生みの親〉と呼ばれるのは伊達ではない。だが、『国富論』の背景となった時代状況と今日の時代風景とは対照的だといってもいい。『国富論』が書かれた一八世紀後半は国民国家の形成期だった。

それに対して、今はグローバル化の力学が国民国家の存立を脅かす時代だ。ヒト・モノ・カネは国境を越える。されど、国は国境を越えられない。このミスマッチが国々を深く悩ませている。それが今だ。

アダム・スミスに、こうした悩みはなかった。だから、彼は言う。「個人が外国の産業よりも国内産業を優遇する時、彼はもっぱら我が身の安泰を求めて行動している。そして、彼がその産業の産出物の価値の最大化を図るのも、要は自分の利益のためである。かくして、彼は見えざる手に導かれて意図せざる（国内産業振興という）目標を達成することになる」（筆者抄訳。カッコ書き注記も）。こうして『国富論』の時代においては、個々の個人や企業による自分のための利益追求が、おのずと国の富の増大につながった。だからこそ、万事を見えざる手に委ねておけば、国も国民もハッピーになり得た。

だが、今や状況は大きく変わった。国破れて企業あり。国境を越えた企業のサバイバル行動が国にとっては大きなダメージをもたらすことになりかねない。そんな今、国々はどう身を処すべきか。「見える手」をもって国境防衛に注力するのか。そんなことになれば、グローバル時代は国々による共食いの世界と化す。ヒト・モノ・カネが国境を越える時代だからこそ、国々もまた、国境を越えて協調と共生の道を追求しなければいけない。

「福はうち、鬼は外」。かつて我々はそう祈願した。だが、今の時代、一体どこまでが内でどこからが外なのか。よほど注意して目をこらしていなければ、それを見誤る。『国富論』の時代において、「分業」といえば、国家間における生産活動上の役割分担の構図を指していた。だからこそ、「国際」分業という言い方をした。だが、今日の国境を越えたグローバル・サプライ・チェーンの中における役割分担は、縦横無尽に国家間の仕切り線を貫いて形成される。このような状態の中で、安直な国益追求は死に至る病につながる。大先生の筆になる古典は、実に今日的警鐘に満ちている。

『平家物語』（岩波文庫）　選／中村彰彦（作家）

戦後まもなく吉川英治の『新・平家物語』がよく読まれたのは、著者も読者たちも平家一門滅亡のドラマを昭和二十年夏の敗戦と重ね合わせていたからであろう。

昭和二十四年生まれの私は、そう感じるにはあまりに幼なすぎた。その私が『平家物語』を意識したきっかけは、東京オリンピックの前、テレビの連続ドラマとして放送されていた『無法松の一生』（南原宏治主演）の中に、

「一の谷の軍破れ／討たれし平家の公達あわれ」

と小学生たちが『青葉の笛』（大和田建樹作詞・田村虎蔵作曲、明治三十九年〈一九〇六〉）を合唱するシーンがあったことだ。右の一番で歌われるのは、十六歳で熊谷直実に討たれた平敦盛の悲劇。ついで、

「今わの際まで持ちし箙に／残れるは『花や今宵』の歌」

と歌い納められる二番は、平家一門とともに西国へ落ちる前、あえて京に引き返して和歌の師藤原俊成に自作を託した平忠度四十一歳の事跡を語っている。忠度は、身は滅ぶともいずれ勅撰される和歌集にせめて一首は自作を載せてほしいと思いつめ、あえて俊成を訪ねたのだ。

さて、みなさんは青葉の笛一管を懐中にしのばせて死地におもむいた敦盛と、

「さゞなみや志賀の都はあれにしをむかしながらの山ざくらかな」

の一首を師に託した忠度のどちらがお好きだろうか。私は中学で『新・平家』を学んだころから大学時代に日本古典文学大系『平家物語』上下を精読した後まで、一貫して敦盛派であった。それが、執筆活動の合間に時々書架から右の上下本を抜き取って読み返すうちに、次第に忠度派になってきた。それは私が執筆活動をつづけるうちに忠度の年齢を超え、せめて一作は世に残したいという思いが身に沁みるようになってきたことと関係があるだろう。

なお、『平家』巻第九「忠教最期」の章に紹介される忠度の「旅宿花」と題された辞世は以

下の通りだ。

「ゆきくれて木(こ)のしたかげをやどとせば花やこよひのあるじならまし」

都落ちして桜の木の下に野宿すると、花が宿のあるじとなって私をもてなしてくれる、といった歌意である。しかし、この歌の解釈にしても、還暦をすぎたころからつぎのように考えたくなってきた。

「ゆきくれ」るのは、人生そのもの。「木のしたかげをやどと」するとはその人生に達観した心境を意味し、花を宿のあるじに見立てるのはまもなく涅槃(ねはん)に入る自分を客体視できているからではあるまいか、などと。

以上ざっと述べたように『平家』には読む年齢によって読後感が変わるという特徴があるので、いずれまたみっちりと精読してみようと思っている。

『赤ひげ診療譚』山本周五郎（新潮文庫）選／細谷亮太（聖路加国際病院副院長・小児総合医療センター長）

父は田舎の開業医だったが、私は小さい頃、医者など、人のためになる仕事よりも、パイロットや船乗りになりたいと思っていた。しかし、範とすべき人が周りにおらず、そのうち医者も悪くないと思うようになった。

高校二年か三年の頃、県民会館で黒澤明監督の映画「赤ひげ」を観た。三船敏郎演じる医者が主人公で、素晴らしい出来栄えの娯楽映画だった。

そのときの衝撃を今でも忘れない。原作が山本周五郎の『赤ひげ診療譚』であることも知ってはいたが、なぜか関心をもてなかった。社会や地域のために一生懸命尽くす〝赤ひげ〟のイメージに違和感があったし、「診療譚」というタイトルにも惹かれなかった。初めて読んだのは、医学部に進み、北杜夫やクローニンなど、医者で作家となった人の作品を読むようになってからのことである。『赤ひげ〜』は、曰く言い難い特別な力で私に迫ってきた。しかし、それが何だったのか、当時の私は深く考えようとしなかった。

先日、医学部へ進学する学生に対し、何か映画を推薦してほしいという依頼があり、映画「赤ひげ」を見直した。同時に原作も再読したが、若い頃に読んだときとは異なる感触があった。

物語は、幕府の御番医という栄達の道を歩むべく、長崎遊学から帰ってきた保本登を中心に展開される。徳川幕府による無料診療所・小石川養生所の〝赤ひげ〟こと医長・新出去定(にいできょじょう)に呼び出され、登は見習い勤務を命ぜられる。貧しく蒙昧な最下層の男女に埋もれる幻滅から、登は赤ひげに反発するが、次第に彼に魅せられ、最後は赤ひげと共に貧民救済の医療を志すようになる。

『赤ひげ～』は周五郎が五十五歳のときに書いた作品である。私はいま六十五歳。四十年間、医療に従事してきてようやく実感できるようになったことを、医者の経験のない周五郎が、私より十年若くして見事に描き切っていることに驚かされる。たとえば、

〈病気が起ると、或る個躰はそれを克服し、べつの個躰は負けて倒れる、医者はその症状と経過を認めることができるし、生命力の強い個躰には多少の助力をすることもできる、だが、それだけのことだ、医術にはそれ以上の能力はありゃあしない〉

というくだりなど、まさに赤ひげの言う通り。医術はここ数十年で飛躍的な進歩を遂げ、小児がんはほぼ八割方治せるようになったものの、本質的には個体の生命力を助力することしかできない。

裏長屋に住まう最下層のさまざまな人間模様が描かれるが、一貫しているのは周五郎の前向きな人間観である。それは『青べか物語』のように、浦安の漁師町で庶民と生活を共にした経験がある周五郎だからこそ、描き得た世界かもしれない。貧窮と無知が引き起こす罪悪を憎み、どうしようもなく悪い奴は最後まで対処の仕様がないと言いつつ、人間の善意を信じている――悪しき中から善きものを引き出す努力をしなければならないと赤ひげに言わせるところに、周五郎の人間に対する深い愛情が感じられる。

長年、医者をやってきて感じるのは、医者は生業でしかないということだ。生業を通してさまざまな人々と出会い、人間は人間によってかたちづくられていく。医者が関わらなければならない世の中というのは、こうした複雑な人間の絡み合いの上に成り立っている——この真理を余すところなく描いているところに、この作品の魅力がある。

『読書について』ショウペンハウエル（斎藤忍随訳・岩波文庫）

選／池上彰（ジャーナリスト）

子どもの頃から大の読書好きだった私が大学入学と共に手に取ったのが、この本です。なにせ題名からして『読書について』です。読書の大切さ、喜びについて記されているのだろう……と思ったのですが。

いきなり出てきたのが、次の文章です。

「読書は思索の代用品にすぎない。読書は他人に思索誘導の務めをゆだねる」

「読書は言ってみれば自分の頭ではなく、他人の頭で考えることである」

「読書は、他人にものを考えてもらうことである。本を読む我々は、他人の考えた過程を反復的にたどるにすぎない。習字の練習をする生徒が、先生の鉛筆書きの線をペンでたどるようなものである。だから読書の際には、ものを考える苦労はほとんどない。自分で思索する仕事をやめて読書に移る時、ほっとした気持になるのも、そのためである」

ハンマーで頭を叩かれるような衝撃でしたね。読書をすることは思索を深めることであり、ひいては自らの思想を作り出すものだと考えていたのですから、それが全面的に否定されたときのショックといったらありません。

問題は読書ではない。どのような姿勢で読書に臨み、読書の後、どれだけ自身が思索するかによるのだ。以後、これを肝に銘じるようにしたつもり……なのですが、そんなにたやすいことではありません。いつしか忘却し、安逸な読書の喜びに耽っています。本人が楽しんでいるんだから、ショウペンハウエル先生、堅いことを言わないでくださいよと文句のひとつも言いたくなります。

そうだ、ショウペンハウエル先生の言うことをそのまま受け止めるのも、「他人にものを考えてもらうこと」ですよね。だったら、こんな一九世紀の哲学者の発言にとらわれることなく、今後も堂々と読書を楽しめばいいのです。

とはいえ、こんな箴言が心に残ります。

「書物を買いもとめるのは結構なことであろう。ただしついでにそれを読む時間も、買いもとめることができればである」

残り少なくなってきた人生、何を読むべきか、今度こそ自分の頭で考えたいものです。

「鳥たちの河口」野呂邦暢（みすず書房／『白桃　野呂邦暢短篇選』所収）

選／髙樹のぶ子（作家）

目を瞑ればすべてが思い出せるというのではない。すぐに本を探し出せるわけでもない。どこかに在る。確かに在る。けれどそれが何処なのか、見つけ出すのに時間がかかりそうだ。書架の探し物ではない。気持のどこに入り込んでいるのかが判然としない、そういう一冊だ。それでいて、そのうちゆっくりと、味わいながら再読したい、しなくてはならないという思いが、日を追って大きくなってくる。野呂邦暢という作家を、どれだけの人間が覚えているだろう。読んだことのある人も今では少ないだろう。けれどその世界に触れた読者は、私と同じように、何かしら胸の底に、淡い影を落とされている、美しい光景を残されている。

その影がときどき、詩の一編のように蘇り、河口を渡る風が懐かしくなったときは、会いにいらっしゃい、と囁く。

『鳥たちの河口』は静謐で落ち着きのある短編だ。大仰な身ぶりも強烈な出来事も無いかわりに、人間と自然が生み出す詩情が有明海の潮の匂いとともに立ちこめている。

カメラを弄る男が迷い鳥を拾う。方向感覚を失ったカスピアン・ターンという名の渡り鳥だ。私の記憶の中に、カスピアン・ターンという名前が、鳥としてではなく詩片のように入り込んだ。何という美しい名前だろう。しなやかに身をくねらせる、異国の少女のようではないか。

東北で大津波があり海岸が黒い波で覆われたとき、なぜか野呂邦暢を思い出した。私が小説の世界に顔を出したのと入れ違いに、この世から姿を消した諫早の作家を、いつもどこかで意識してきた。

『鳥たちの河口』で伝えたかったことを、もう一度落ち着いて、受け止めなくてはならないと思う。三十年前に読んだ感想と、いま、大震災を経験した後に読むのとでは、かなり違う印象を受けるような気がする。

『幼年期の終り』アーサー・C・クラーク（福島正実訳・ハヤカワ文庫）

選／坂村健（東京大学大学院情報学環教授）

原題は『Childhood's End』。書かれたのは1953年。冷戦時代。科学時代の幕開けに人類、地球等を含む多くのものの「幼年期の終り」を描いた重層的なテーマ。

これを私が最初に読んだ1969年は『2001年宇宙の旅』が映画化された翌年。見た事もない映像。NASA、IBM、パンナムなど当時の最先端の国家、民間研究所、企業の協力によるあまりにリアルなシーンがアポロ計画の月着陸等と重なり私を興奮させた。宇宙規模の壮大な物語は若い私を夢中にさせクラークの他の作品に自然と向かわせた。そして出会ったのが本書。

しかしその読書体験が、ある意味私のSF読者としての「幼年期の終り」になる。今でもコンピュータグラフィックスを駆使したいためだけの派手なガジェット登場とか、無理目のストーリーのための「超常現象」とか、必然性のないSFはあるが当時も多かった。そういうものと『幼年期の終り』は、まったく違った。ストーリーを追うだけでない小説との初めての出会い。SFという枠組みでしか書けない物語――であると同時に主題の独創性と圧倒的な視野の広さ。ファンタジーや宗教説話の枠組みでこの主題が語り直せるかと思考実験してみれば、そのSF性が分かる。究極のSFでありながらスケールのあまりの大きさにいまだ映画化されていないのもそのためだろう（編集部注・その後、2015年にドラマ化）。

純「文学」を嫌い「文学でない」から気楽に「SF」を楽しんでいた生意気な科学少年が、唐突に「文学を超えたなにか」にぶつかってしまったわけだ。三島由紀夫を筆頭に多くの文化人が『幼年期の終り』に影響を受けたというのは最近知った。今読み直してみても、この作品の中で生まれた主題が多くの変奏曲となってSFを越えさまざまな文化の分野に見え隠れすることに驚かされる。

SF性の根本は、いわば「ちゃぶ台返し」。単なるストーリーの「どんでん返し」を超えて、人々の常識や、宗教や、社会や——どれだけ大きなちゃぶ台をひっ繰り返すかが、その真骨頂。『幼年期の終り』では、恐ろしく大きなちゃぶ台が何回もひっ繰り返る。いまでこそ世界的に評価の高い本作だが、宗教までちゃぶ台扱いしたせいか欧米での評価は当初割れた。にもかかわらず日本のSF者には好まれた。優しくも悲しい眼差しで締める静謐なラストが日本人好みだからだろう。人類の長い歴史すら「幼年期」であったという相対化には清々しさすら感じる。

今読み直してみると本書の偉大さが少しは知恵がついたおかげかさらに良くわかる。今のこの閉塞感で溢れた日本。低レベルの国際関係。世界を見れば人類のあまりのおろかさ。憎悪の連鎖。国家の崩壊。民主主義の限界。超越するなにかがないと人類はこのままなのだろうか。

『八犬伝の世界』高田衛（中公新書・絶版）選／渡辺京二（評論家）

再発見すべき名著というと、ものものしい感じになるが、私はもう少しささやかな意味、もっともっと評判になってしかるべき本として、高田衛さんの『八犬伝の世界』を挙げたい。この本が一九八〇年に出たとき、国文学界では注目を浴びたに違いないが、一般にはそれほどの評判は呼ばなかったような気がする。そのときもその後も、知人たちの間でこの本の名が口にされるのを聞いたことがない。

　私は刊行時に読んだ。一読三嘆とはこのことで、砕けて言えば「ビックリしたなァ、モウ」というのが正直な感想だった。『南総里見八犬伝』は小学生のころ『少年講談』の一冊であらましを知って以来、原作を読もうなどと発心したことはなかった。勧善懲悪、荒唐無稽という先入主があったのである。ところが著者の鮮やかな手捌きにかかると、古色蒼然たる『八犬伝』が「途方もなく奥深い深層の世界をはらん」だ神話的言語空間に変貌した。『八犬伝』とは、江戸人の深層意識に秘められたシンクレティズム的ユートピアが変容しつつ顕現する「江戸神話」だったのである。

　馬琴が一面では尚古家であり考証家であることは承知してはいたが、『八犬伝』が古今東西にわたる史書・稗史(はいし)・神話・伝説・伝承をどれほど広汎に踏まえた想像力的空間であるか、私は著者によって初めて教えられた。『八犬伝』には謎が張りめぐらされているのだ。この本はいわば『謎解き八犬伝』であり、スリリングな暗号解読なのである。

　謎解きは『初輯』の口絵で、「子をとろ子とろ」の遊びの光景が、「かくれあそび」とわざと誤って表題されている謎の解明から始まり、伏姫の処女懐胎の謎を経て、なぜ犬士は八人で、しかもそのうち二人が女装しているのかという最大の謎に迫る。答は伏姫と八犬士の構図には「八字文殊曼陀羅」が隠されているというにある。八犬士が牡丹の痣をもっているのは、唐獅子が文殊の乗物であり、牡丹は唐獅子の縁語だからだ。伏姫の騎乗する八房(やつふさ)は唐獅子なのである。「あっとおどろく、タメゴロウ」ではないが、著者によってあばかれた馬琴の秘められた構想の壮大さには、ほとほと感じいるほかなかろう。

さらに著者は、八犬士の出自が郷士であることを確認し、彼らを「戦う自立集団」と規定した上で、その物語を「江戸開拓郷民の不屈のたたかいの歴史」だとする。ここには著者が七〇年前後に抱いたであろう夢が反映している。その夢の行末(ゆくすえ)については言いたいこともあるが、やはり『八犬伝』に投じられた新たな光源と評価しておきたい。

気づいたことをひとつ言えば、著者は透谷の『八犬伝』評中に出てくる「シバルリイ」をseverelyと解しているが、これはいうまでもなくchivalry、すなわち騎士道の意である。また、この本が「中公新書」の一冊であることも見逃せない。「新書」もかつては何とレベルが高かったことか。

『甲陽軍鑑』（人物往来社・絶版）　選／小和田哲男（歴史学者）

『甲陽軍鑑』は、私が学生のころ、偽書として扱われていた。先輩たちから、「偽書は論文を書くときに使ってはいけない」といわれてきた。江戸時代のはじめ、軍学者の小幡勘兵衛景憲が、武田二十四将の一人高坂弾正昌信に仮託して書いたもので、研究者の間では架空の軍師といわれていた山本勘助の活躍ぶりが随所に描かれていたからである。

ところが、歴史の研究というのはおもしろいもので、ちょっとしたきっかけにより、『甲陽軍鑑』の見直しが進められることになった。『甲陽軍鑑』の復権といってよいかもしれない。

ことの起こりは昭和四十四（一九六九）年である。その年のＮＨＫ大河ドラマは『天と地と』（海音寺潮五郎原作）で、武田信玄と上杉謙信の川中島の戦いをメインにした作品で、その放映中に、北海道釧路市で、はじめて山本勘助の名前が記された信玄の書状が発見され、それがきっかけとなった。それまで、小説や映画などでは信玄の軍師として有名な山本勘助の名は、確かな史料には一度も登場していなかったのである。

その後、勘助の名が記された文書が何通か発見されるに至り、学界でも、勘助実在説が主流となり、それまで、「架空の勘助のことが書かれているから」といって偽書扱いをしてきた

『甲陽軍鑑』そのものに一石が投じられる結果となった。今日では、創作された部分も含まれているが、基本的なところは、高坂弾正昌信の執筆で、それを甥の春日惣次郎らが書きつぎ、最終的に小幡勘兵衛景憲が編集したという理解に落ちついている。

偽書というレッテルがはがされたいま、あらためて『甲陽軍鑑』を読み返してみると、さまざまな発見がある。私自身、特に注目しているのは、信玄の教訓を秘めた名言のいくつかで、たとえば、「ゆミやの儀、とりやうの事、四十歳より内ハかつやうに、四十歳より後ハまけざるやうに」というのなどは好きな言葉である。

また、七分勝ちというういい方もある。信玄は、一番いい勝ち方は七分の勝ちだといっている。「八分のかちハあやうし。九分十分のかちはみかた大まけの下つくり也」というわけで、いまのわれわれの生き方の指針になるような名言が詰まっている。

「セヴンティーン」大江健三郎（新潮文庫／『性的人間』所収）選／弘兼憲史（漫画家）

漫画家の日常は想像以上に忙しい。寝る時間を惜しんで執筆に勤しむ生活のなかで、読書をする時間などまずない。新聞を読む時間すらない。情報収集といえば、執筆しながら流しているニュース番組の〝耳学問〟がせいぜいだ。社会派漫画の描き手としてお恥ずかしい限りだが、それが週刊誌で連載を持ち続ける現実でもある。

そんな私も学生時代には手あたり次第に本を読んだ。高校時代には古典的な日本文学を、そして大学時代には同時代の先鋭的な作家の小説を好んで手にしたものである。

大学時代によく手にしたのは大江健三郎氏の著作だ。きっかけは大学在学時の一九六七年に発表された氏の代表作『万延元年のフットボール』と記憶する。句点の少ない、独特な文体の妙に魅せられ、そこから初期の作品へと遡って耽読していった。

なかでも思い出深いのは、初期作品集『性的人間』(新潮文庫)に収められている短編「セヴンティーン」だ。同作品は、発表前年の一九六〇年に起こった日本社会党委員長・浅沼稲次郎刺殺事件の犯人、十七歳の右翼少年・山口二矢を主人公のモチーフとする。

主人公の「おれ」は十七歳の誕生日を迎えたばかりの高校生である。大江氏は「おれ」の内面の焦燥はもちろんのこと、成長する肉体を持て余して自慰行為を繰り返す性的側面までをも赤裸々に描く。やがて「おれ」は、右翼の政治結社に身をおくことで、止めどなく湧き出てくるエネルギーのはけ口を見つけることになる——。

安保闘争等、イデオロギーがいつも世間のどこかを騒がせていた時代だ。この小説もその波に呑まれ、特に第二部の「政治少年死す」は山口二矢少年を著しく汚すとして、右翼団体から激しい攻撃にさらされた。結果、「政治少年死す」は、どの単行本にも収録されない〝幻の作品〟となっている。

しかし私は、この創作を単なる政治小説として読まなかった。十七歳の青少年が、熱情をコントロールできず、ときに怒りを持ち、焦燥感に駆られる狂おしい姿は、いつの時代にも見られるものだろう。「おれ」の場合、それが時代の要請もあって、イデオロギーに辿り着いたのだ。「セヴンティーン」の根本には、青春小説としての普遍的なテーマがあり、だからこそ若かった私は、この小説に激しく共振したに違いない。

漫画は、命果てるまで書き続けるつもりで、デスクの上でペンを握りながら斃れるのが私の希望である。それでもいつか、大学生の頃と同じように、じっくり「おれ」と向き合ってみたいと思う。そのとき還暦を超えた私からいったいどんな感情が溢れ出るのか。それが知りたくて、触れられぬほどの熱を帯びたあの十七歳の政治少年、セヴンティーンにまた会いたいのだ。

『五輪書』宮本武蔵（岩波文庫）選／小野喬（体操金メダリスト）

ロンドン五輪で、男子体操は内村航平選手が個人総合で金、団体総合と種目別ゆかでは銀メダルを獲得しました。男子体操はローマ五輪（一九六〇年）から団体で五連覇を達成し〝日本のお家芸〟とも言われました。私は一九五二年のヘルシンキからの四大会に出場、ローマ、東京での団体総合を含む五つの金メダル、銀・銅各四個を手にすることが出来ました。

体操一筋の人生でしたが、振り返って読み返したい本といえば、宮本武蔵「五輪書」になります。私の体操競技の恩師である竹本正男先生は指導の中で「武士道精神」を強調し、折に触れて武蔵の言葉を引かれていました。八十歳を過ぎた今、そこに、若い頃には分からなかった教えがあるように思われるのです。

「五輪書」はいかに戦いに勝つかを具体的、実践的に論じた本です。そのなかで、武蔵は「先といふ事、兵法の第一也」と説いていますが、私も現役時代には、寝ても覚めても、いかにして先んじて新しい技を生み出すかということで頭がいっぱいでした。

そのために重要なのは、敵を知ることです。私の体操観が変わったのは、大学に入り、アメリカの選手を見たときでした。そのスピード、変化に富んだ技に仰天し、世界ではまるで違った体操が行われていると知ったのです。ヘルシンキ五輪に出場した時にも、当時の体操先進国ソ連やスイスの選手たちを八ミリフィルムに収め、研究を重ねました。戦後の日本のメーカーが「真似」と揶揄されながら、世界に認められたのと似ているかもしれません。

「五輪書」にも「其敵々の智略をはかり、敵の強弱、手だてをしり」とありますが、それは私自身の経験に照らしても大いにうなずけます。

そこで気になるのは、日本のスポーツの現状です。男子体操でいえば、現在、世界の体操界では、団体総合で優勝した中国のように、種目ごとにスペシャリストを育成し、団体と種目別で多くのメダルを獲得する戦略を取っているのに対し、日本では今もオールマイティな選手を良しとする傾向が強い。その結果、メダルの数ではひけを取ってしまうのです。その意味では、日本はオリンピック二回分遅れを取っている面があります。

また、逆のことを言うようですが、日本的なメンタリティには大きな長所もあります。

私が最も苦しんだのは東京五輪でした。このとき私は三十三歳。日本選手団の主将にも選ばれましたが、試合の直前に、右肩の激痛に襲われたのです。

しかし、団体総合のメンバーとしてチームに迷惑はかけられない。筋肉に何十本も針を打つ治療を受けながら、ソ連を破って優勝することができました。このときは、自分はどうなってもいい、チームのため、そして家族をはじめ応援してくれる人のために頑張らねば、という思いでした。

この「自分以外の誰かのために頑張る」というのは、日本人の底に流れる強さではないかと思うのです。現在、日本が団体スポーツで強みを発揮できている一因は、こうした点にあるのではないでしょうか。「自分よりも他を思う」というのは、私たちが恩師や先輩たちに教わった「武士道精神」でもあります。この両者を兼ね備えたとき、日本のスポーツは今以上に強くなれるはずです。

「いのちの初夜」北條民雄（角川文庫）　選／中江有里（女優・脚本家）

大学四年の夏、東京都東村山市にある国立ハンセン病資料館を訪れた。入口の母娘の遍路像に迎えられ館内に入り、ここに来た目的の人の写真と対面した。『いのちの初夜』の著者・北條民雄である。ハンセン病を得た北條の世に知られる顔写真はこれ一枚。丸い眼鏡の向こうの鋭く小さな目が、じっとこちらを見つめている。悲しいような、静かに怒っているようなその目は、何か言いたげに感じる。

ハンセン病は「らい病」と呼ばれ、忌み嫌われ「すぐに感染する」と恐れられた。この「不治」の病にかかった患者は、郷里を離れ、流浪の身になり、お遍路する者もいたという。近代化に向かう日本で、らい病患者は療養所という名の隔離施設に半ば強制的に収容された。施設以外に生きる場はなく、ここに入れば、社会的に抹消され死んだも同然である。『いのちの初夜』はひいらぎの垣根に囲まれた病院へ入る葛藤を、小説という形で明らかにした一作だ。特効薬プロミンのおかげで、ハンセン病は治る病となったが、逆に北條の存在は薄れつつある。忘れないようにしたい、という思いからこの作品を選んだ。

　主人公の尾田高雄は、北條自身がモデルだ。駅から病院までの緑あふれる長い道のりを歩きながら、周囲の樹木の枝ぶりを気にしている。自分の体重を支えられるか、高すぎて登るのが大変だとか、考えている。生きるための場に向かっているのに、死ばかりが頭をよぎっている。彼はひいらぎの垣根の隙間から、中の病人の様子を窺おうとする。そんな尾田を見る地元の百姓がいる。尾田は、自分が病人と見られることに激しく傷つくが、一歩病院へ入った途端、自分がらい病であることを嫌というほど実感する。

　わたしが強く惹かれるのは、尾田と、らい患者の佐柄木との会話だ。人の手を借りなければ生きられない重病患者を前に、佐柄木はいう。

「ね尾田さん。あの人達は、もう人間じゃあないんですよ（中略）生命です。生命そのもの、いのちそのものなんです」

「生命だけが、ぴくぴくと生きている」と記される患者の描写は、北條が病院で受けた衝撃を映し出す。このことが、北條を文学へと駆り立てたのだろう。北條は川端康成に手紙を送り、小説を読んでほしいと訴える。川端が了承すると、彼は病院内での人々、出来事を小説にした。川端は北條が亡くなるまで彼を励まし続けた。

かつてらい病は絶望の病であった。しかしその絶望の向こうに、北條は希望を見出した。それは文学であり、川端康成という存在であった。

生きるとは、どういうことか。絶望の淵の向こう、病を得てからの人生、文庫にして四〇頁余りの短編は、時間を越えて、読み手に問いかけてくる。おそらく北條は、命尽きるまで惑い続けたのだろう。その惑いこそが、「生きる」ということだと思う。

「阿部一族」森鷗外（新潮文庫／『阿部一族・舞姫』所収）

選／**徳岡孝夫**（ジャーナリスト）

将軍家光の時代で、春のことであった。肥後熊本の藩主・細川忠利は病いを得て、たちまち悪化した。島原の乱でキリシタン側の天草四郎を討ち取った軍功ある大名である……と、森鷗外の歴史小説『阿部一族』は始まる。鷗外の歴史物に多い簡浄な文章により、現在形で話は語られる。

死んだ忠利が荼毘に付されている最中のこと。不思議や生前の殿様の愛した鷹が二羽、飛び立つや一直線に庭の井戸に飛び込み、水の底に消えた。「お鷹も殉死したのか」と、家臣の間からささやく声がした。

忠利の場合、十八人が切腹して殉死した。

ただし殉死は、原則として生前の殿様のお許しを得ておかなければならない。老臣・阿部弥一右衛門には、そのお許しが出なかった。性剛直、諫言をする男だったので、忠利は煙たがったのだろう。むしろ細川藩の次代を託した。主従は、いわゆるソリが合わなかった。

そのうちに「阿部は命が惜しくて死なないのだ」と噂が立つようになった。今の風評被害と同じで、いったん立った噂は消せない。阿部家は意地を張って噂に反抗したから、かえって物事はこじれた。

ついに阿部家は取り潰し、一家は屋敷に籠城して藩の討手と戦うことになった。女はみな前日に喉を突き、幼い者は刺し殺した。屈強な男だけが屋敷に残った。

この作を評する人は、異口同音に「封建時代の美徳が描かれている」と言う。私は、そう言い切れないと思う。

現代日本のビジネス社会にも、ソリの合わない上司・同輩、スジを通さねば気の済まない人、怪しげな噂を持ち歩く人などがいる。

私が『森鷗外集』上下（新潮社）を買ったのは昭和二十五、六年で、いらい韋編三絶四絶し、奥付が見当たらない。その後は『鷗外選集』（岩波書店、一九七九年）で繰り返し読んでいる。

最高に凄いのは、私がここに書かなかった一家全滅前夜の部分である。

『桜の実の熟する時』島崎藤村（新潮文庫）選／ロバート・キャンベル（東京大学大学院教授・日本文学者）

明治二三年（一八九〇）初夏。一九歳になった主人公岸本捨吉は身も心も健康にしてすこぶる多感。情欲の淵に沈みがちな彼であったが、この度ぎりぎり身を淵から引き揚げ、まじめに勉強しようと自分へ誓いを立てている。読者には恋の実態をあまり知らせないまま、小説は出発する。というより、捨吉は出発する。冒頭の一枚目から東京の中をひたすら歩く。編み上げの革ブーツから下駄、下駄から草鞋に履き替えながら、とにかく起伏に富む明治東京の町中を歩きまくっている。

高いところは高輪台、ここに太陽が隅々まで射し込み、心の充実を求めに集う人々のための教会とミッションスクールが建っている。平坦なところはせせこましい日本橋界隈、一〇代の始めから彼のことを住み込み書生として養育してきた商人一族「田辺の家」があり、「小父さん」と呼ばれる主人との間に進路について駆け引きを展開する。

風のなかを歩くことで心を押し広げ、鬱々とした気分をほぐす術を捨吉は知っている。伴走するような感覚で我々も、若者特有の背伸び感と恐れ、疼くような自由への願望、その挫折を一本一本ちがう通路を眺めながら、追体験する。たとえば冒頭のシーン。品川停車場の手前から高輪台を上っていくと複数の坂道があり、捨吉は広大な旧大名下屋敷の中を突っきっていく。捨吉には数少ない静かでプライベートな空間になっていると同時に、ここは育てられた日本橋のことを思いださせてくれる。下町に帰ると温かい。しかし人口と活気と寂しい思い出がギュッと詰まっているので、歩きながら過去が静かな「今」に染みこみ、未来までを悲しい色に染め上げようとする。いったん就職する女学校に通じる牛込見付も、「捨吉の好きな通路（みち）」の一つである。

『春』や『新生』などと同じように、この小説は作者自身の体験をなぞるようにできている。パリに渡る前から外遊中、帰国の後に筆を執り続け、大正八年に単行本として刊行した。私はむかし、初めて読んだときに若い作者の「事実」を一々年譜に照合して点検しながら、読み進めていった。今は逆だ。ストーリーの成り立ちが気にならず、むしろ青年の行動半径がかれの志とどう結び合うかとか、風景の変化などに心を打たれることが多くなってきている。小説の中を歩くような、不思議な浮揚感がうれしい。

「ひかりごけ」武田泰淳（新潮文庫／『ひかりごけ』所収）選／阿刀田高（作家）

知床半島は今でも秘境として人気を集めているが、五十年ほど前、私が訪ねたときは観光客の姿などほとんど見ることのない、文字通りの秘境であった。半島の中ほど、羅臼のマッカウス洞窟は、なにげない岩穴だが、その奥まった一画にヒカリゴケが密棲して神秘の光を映していた。見えたり消えたり、あえかに美しい。

旅から帰って、

「知床行ったぞ。ヒカリゴケ見たぞ」

呟くだけで仲間たちが耳を傾ける。ちょっとうれしい。そんな秘境を描いた作品があると聞けば読んでみたくなる。

武田泰淳の『ひかりごけ』は一読して、

――うん、うん、この通りだったなあ――

私が見聞した風土が鮮かに綴ってある。しかもここでは〝人肉を食べた〟という実話が主題となっていて、カニバリズムの文学としても、

「あれ、読んだか？　すごいぞ」

これも仲間に誇りたくなる。加えて、死体を前にした男たちの会話がおもしろい。

八蔵　五助の葬式（とむれえ）はやらなくても、いいだか。

船長　葬式（とむれえ）はいつでもできる。それよか、おめえたちが、どう腹をきめるかが問題だ。

八蔵　食べちまう葬式ってえのは、あっかなあ。

船長　流しちまったら、しめえだぞ。流すまえに、みんなしてよく考えるだ。

八蔵　考えたら、どうしたって、話がそこへ行くだよ。食べることしか考え（かんげ）てねえのに、喰い物になるのは五助しかねえだからよ。うんだから、考えのもとになるもんを、なくすより仕方ねえだ。

船長　八蔵、おめえほんとに、あれを喰いたくはねえのか。

八蔵　……おら、五助さ喰いたくはねえ。うんだが、あの肉はときどき喰いたくなるだ。

黒い笑いを誘うシーンも散っていて、ブラックユーモアの傑作であることも疑いない。『ひかりごけ』は私の読書の楽しみを充分に満たしてくれる作品として記憶に残った。

過日、久しぶりに読み返してみると……もちろんおもしろい。だが、じっくりと読み込み、

――中身が深いなあ――

あらためて厳かな感興に打たれた。モチーフの重さを感じた。技法の巧みさに舌を巻いた。作品は〝私〟が羅臼を訪ね、地元の中学校長の案内でヒカリゴケを見に行く。この描写がさいはての風土と人気（じんき）を描いて、つきづきしい。わけもなく引き込まれて読み進んでしまう。そのうちに〝私〟は校長から、かつて、厳寒の冬、この付近に漂着した船の船員たちが飢えに苦しみ、仲間を食べてしまった事実を聞かされる。その詳細は『羅臼村郷土史』に記されていて、この紹介が事件の特異性とあいまって、なかなかの読み物だ。

さらに、この作品より少し前に発表されて話題となった大岡昇平の『野火』の中の一節、すなわち戦場で同じく飢えに苦しんだ男の言葉「僕は殺したが、食べなかった」を引用し、『ひかりごけ』の中の〝殺したわけではないが、食べてしまった〟ケースとの比較に筆が延びていく。さらに戦争に代表される殺戮の非人間性をサラリと糾弾する。

ずいぶんと堅くむつかしくなりそうなテーマだが、ここで一転、作品は二幕のドラマと化し、喜劇の要素を混えながら寓意性に富んだ結末へと向かって行く。貫いているモチーフは人間の原罪だ。私たちは生まれながらにして罪を抱いているのではないのか。キリスト教に顕著な考え方だが、仏教などにも似たような考えが伏在しているだろう。キリスト教では人間と他の動物とを区別し、獣肉はためらうことなく食用に供してよいが、カニバリズムなんてトンデモナイ。しかし仏教徒には、生きとし生けるものはみんな同じ命と考えるところがある。このあたり、彼我において〝人を食う〟ことの意味に少しちがいがあるのかもしれない……。

いや、いや、武田泰淳は、こうした理屈をかまびすしく開陳しているわけではない。フィクションの筆致に乗せて読み手がおのずと思案するように創っている。そこがうまい。そこがおみごと、と久しぶりに読んで思った。

話は変わるが、井上ひさしは深刻なテーマをドラマ化することにより笑いを混え、軽やかに訴える、そこにおいて卓越していた。ドラマにはこの力がある。小説とは少しちがう。井上ひさしと身近に接し、その作品を数多知ったあとであればこそ、武田泰淳が『ひかりごけ』に突如ドラマを取り入れた理由がよくわかった。

そして、この『ひかりごけ』の構造が……ノンフィクションのような探訪記から始まりそれが郷土史を踏まえた小説となり、さらに二つのドラマと変わる全体構造が、どれほど創るに困難か、だが、どれほどうまく機能しているか、以前には気づかなかったことが、しみじみ理解できたと思う。作品が問いかけるモチーフの深さとともに、

——これぞよい小説——

楽しみながら人間の実存を考えさせせられてしまった。知床の地は、もう一つ、この作品により知の神秘を備えることになったのではあるまいか。

『存在と時間』ハイデッガー　選／梅原猛（哲学者）

学徒出陣で出征した先輩たちが相次いで帰らぬ人となり、最後の戦中派である私も死の想念に深く囚われた青春時代を送った。しかし予想より早く戦争は終わり、私は京都大学文学部哲学科に復学したが、壮大な理性哲学を説くカントやヘーゲルの哲学に共感をもつことはとてもできなかった。そのようなときに私は大学近くの書店でハイデッガーの『存在と時間』の海賊版を見つけて買い求め、読んだ。私の三年間の大学生活は『存在と時間』とともにあったといえよう。

ハイデッガーはこの著書で、人間が死への存在であることを明言したのである。西洋の哲学において真正面から死を論じたものはない。それはやはりキリスト教の影響が大きかったゆえであろう。キリスト教において人間は、死ぬといったん眠りにつくが、神の国の到来とともに復活し、永遠の生命を享受するものであった。このような思想を信じるかぎり、死は哲学の根本問題になりにくい。ハイデッガー哲学も、ニーチェのいう「神の死」の時代の思想的産物かもしれない。

ハイデッガーは、人間をそこにある存在、「現存在」としてとらえる。現存在は日常的にはものに対する顧慮や人間に対する配慮に心を奪われ、自己の存在の本質を忘却している。しかしときに不安が現存在を襲い、現存在が有限で、死への存在であることを自覚させる。そのように死への存在を自覚した現存在がまさに「実存」なのである。

このようなハイデッガーの哲学は実存哲学とよばれる。実存哲学はキェルケゴールとニーチェを開祖として、ハイデッガーとヤスパースによって体系的哲学になったといわれる。ハイデッガーはたしかにキェルケゴールやニーチェの思想を受け継ぐが、彼はキェルケゴールやニーチェがあまりに文学的に語った実存の思想を、アリストテレス以来の西洋の存在論の伝統のなかに位置づける。『存在と時間』には人生に対する深い洞察が存在するが、ギリシャ以来の存在論の伝統に従ってそれが甚だ冷静に、甚だ明晰に語られるのである。

ハイデッガーは第一次世界大戦において輜重兵として出征し、死を覚悟するほどの体験をしたのであろう。『存在と時間』の背後にはそのような彼の体験があろうが、第二次世界大戦において一時は特攻隊を志願しようとした私にもそのような体験があったといえる。

私の著書『隠された十字架』『水底の歌』も、歴史の闇の世界を甚だ冷静にかつ甚だ明晰に論じたものである。ハイデッガーの『存在と時間』の熟読に明け暮れた学生時代を送らなかったならば、このような著書は書けなかったであろう。

「親友交歓」太宰治（ちくま文庫／『太宰治全集⑧』所収）選／小林信彦（作家）

敗戦約半年後、ぼんやりしている私でも、本を読みたい気持はあった。

雪国の本屋の棚はきわめて貧しく、目立つ本や雑誌は右から左に売れてしまう。それに、値段が高い。

ホームズ物や乱歩の作品もあったが、昭和初期のものの増刷だったと思う。仕方がない。知らない雑誌でも買ってしまおう。

こうして手にとったのが「月刊読売」という雑誌で、昭和二十一年三月号。「やんぬる哉（かな）」という奇妙な題名の小説に惹かれたので、太宰治という作者名ではなかった。太宰治は乱暴にいえば無名であり、一部の人々の間で大事にされていることなど知らなかった。まず〈太宰治〉という名前が読めないのである。二度目の疎開先の中学一年生などそんなものだ。

私は東京に帰り、すぐに太宰治の名を知らない者がいない時代になる。「人間失格」を無理に読まされているうちに、昭和二十三年六月、太宰は女性と入水自殺した。

やがて、八雲書店という出版社から全集が出て、これは完全版ではないのだが、神保町のゾッキ本屋で毎月買った。私の太宰熱に火をつけたのは作品もさることながら、福田恆存の「太宰と芥川」という対話形式の単行本だった。（おれが世間に仇をうってやる）といった熱っぽい心理になったので、今は太宰の全集は書庫の隅にあり、めったに手を触れない。

太宰治の小説は、戦争末期と戦後すぐが面白いというのが私の偏見で、ひとはあまり挙げないが、「新潮」の昭和二十一年十二月号に発表された「親友交歓」が傑作だと思っている。念のために、今度読みかえしたが、やはり面白かった。

太宰が落語の速記本を読んでいたことがおちでわかるが、たとえ三島由紀夫が嫌っても、この作家はやはり天才、というか、おそろしい人だ。短篇一作でわかる。

第二章　世界遺産に残したい「不滅の名著」100冊

山折哲雄（宗教学者）×藤原正彦（数学者・作家）×福田和也（文芸評論家）×島田雅彦（作家・法政大学教授）

——本日は「不滅の名著」100冊を選んでいただきたく、みなさんにお集まりいただきました。すでにおひとり二十五冊ずつお選びいただいておりますので、選定の理由などご紹介いただければと思います。

山折 私は日本人と宗教や芸術、三・一一以降の生き方など、ここ十年ほど関心のあるテーマから選んでみました。

島田 親鸞、西田幾多郎、鈴木大拙が並んでいるあたりは日本人の手による普遍的哲学を厳選されたようですね。

山折 親鸞と西田幾多郎は、善と悪の問題を意識して選びました。悪について深く追究した親鸞がいる一方で、西田幾多郎は善を追究した。日本人で悪について正面から取り組んだ人は少ないんですね。

藤原 鈴木大拙の『日本的霊性』は、私も入れようとしました。民主主義より武士道のほうがいいと考えていますから、この本を読んで初めて、日本に武士道が生まれ、禅と同様、人々の間に定着した理由がわかりました。中国にも韓国にもない、日本固有の霊性です。

島田 西行、松尾芭蕉、小林一茶あたりも、山河に回帰する心性という点で共通していますね。

山折 この三冊は、宗教的な人間が、同時に芸術的な世界を最後まで手放さなかったという点でも共通性があります。われわれが心の奥底で憧れているのは、こういう生き方ではないかと。実は一茶と良寛のどちらにしようかと迷ったんですけどね。

ガンジーはブッダの継承者

福田　『パンセ』と『ガンジー自伝』というのは？

山折　私は日本人の宗教的言語、哲学的言語の最も根本にあるものは「こころ」の問題だと考えています。ところが、これが欧米語に翻訳できない。パスカルの『パンセ』に出てくる「クール（cœur）」という言葉が対応するかなと前々から考えているんですが。

ガンジーを選んだのは、現代におけるブッダの最も正統的な継承者は彼だという思いがあったからです。ガンジーは、アメリカのマルチン・ルーサー・キング・ジュニアや南アフリカのネルソン・マンデラに強く影響を与えたと言われますが、ブッダの継承者だとは誰も思っていない。二十世紀を代表する知識人といえば、必ず名前が挙がるのに、過去からも現代からも断絶されたままという気がするんです。

藤原　ガンジーの内省の鋭さ、自己批判、無私の精神には驚かされますね。私にないものばかりです（笑）。

私の選び方はわりと思いつきで、ここ三十年間で感動した本が中心です。

島田　手記や記録、見聞録が目を引きますね。

藤原　ええ。例えば、『石光真清の手記』第一巻の『城下の人』は、幕末の熊本に生まれた人の手記です。明治になって軍隊に入り、満州ではスパイ活動をして、馬賊の女と仲よくなって……と波乱に富んだ人生が、素晴らしい文章で書かれています。幕末の空気もよくわかるし、明治時代は陸軍の軍人も優秀だと思えます。大好きな本です。

『ある明治人の記録』は、会津藩士として生まれた柴五郎という人を描いたもので、会津戦争によって祖母、母、兄嫁、姉妹が自刃しているのですが、会津ファンの私は涙なしには読めません。明治になってから、北清事変で立派な指揮をとり、世界的に有名になった軍人です。

島田　女性の著書が三冊と藤原さんが一番多い。フェミニストですね。

藤原　お茶の水女子大で教えていましたから（笑）。『武士の娘』を書いた杉本鉞子（えつこ）の家は、長岡藩の筆頭家老です。一八七三（明治六）年の生まれで、後にアメリカへ渡って、現地で日本人と結婚します。英語で書かれたこの本には、日本人の気高い精神がにじみでていてアメリカで大評判となりました。

『武家の女性』を書いた山川菊栄さんの家は、水戸藩の下級武士ですね。母親から聞いた下級武士や庶民の暮らしぶり、私塾のことなどが細々と記録されています。一般的な歴史では、女性や家族の暮らしぶりは見えにくいので、貴重な名著と思います。私の母である藤原ていの

山折哲雄が薦める 25冊

3・11以降を生きる日本人へ

1. 司馬遷『史記』(ちくま学芸文庫)
2. アリストテレース「詩学」(岩波文庫)
3. パスカル『パンセ』(中公文庫)
4. マハトマ・ガンジー『ガンジー自伝』(中公文庫 BIBLIO20世紀)
5. 紫式部『源氏物語』(新潮日本古典集成)
6. 親鸞『歎異抄』(岩波文庫)
7. 西田幾多郎『善の研究』(講談社学術文庫)
8. 鈴木大拙『日本的霊性』(岩波文庫)
9. 『新古今和歌集』所収の西行の歌(岩波文庫)
10. 松尾芭蕉『おくのほそ道』(岩波文庫)
11. 小林一茶「おらが春」(岩波文庫)
12. 世阿弥『風姿花伝』(岩波文庫)
13. 近松門左衛門『曾根崎心中』(角川ソフィア文庫)
14. 夏目漱石『行人』(新潮文庫)
15. 福沢諭吉『学問のすゝめ』(岩波文庫)
16. 正岡子規『病牀六尺』(岩波文庫)
17. 斎藤茂吉『赤光』(新潮文庫)
18. 石川啄木「一握の砂」(新潮文庫)
19. 宮沢賢治『注文の多い料理店』(新潮文庫)
20. 柳田国男『先祖の話』(角川ソフィア文庫)
21. 小林秀雄「無常という事」(新潮文庫)
22. 坂口安吾『堕落論』(新潮文庫)
23. 太宰治「駈込み訴え」(文春文庫)
24. 山本周五郎『さぶ』(新潮文庫)
25. 長谷川伸『瞼の母』(国書刊行会)

『流れる星は生きている』は、戦争の悲劇は戦場以外にもあるということを忘れないために、肉親のものではありますけど入れました。

数学は美的感覚が命

福田　ご専門の数学の本が三冊並んでいますね。

藤原　テープリッツとラーデマッヘルはドイツの数学者。『数と図形』では、フェルマーの最終定理をはじめ整数や図形の未解決問題などが予備知識を仮定せず解説されている。この本を読んで数学の道に入ったという人を何人も知っています。

ジョージ・ポリアの『数学における発見はいかになされるか』も面白い。数学の発見は、論理的に考えても出てきません。証明は論理的ですが、発見はまったく違って、もっと美的感覚に近いものです。たとえば、一見美しい理論や定理に対する嗅覚とか、まったく違う二つのものに類似性を発見するような着眼は、論理的ではありません。

高木貞治先生の『初等整数論講義』は、高校一年のときに新宿の紀伊國屋書店で出合った本です。朝十時頃から立ち読みをはじめて、気がついたら夕方の六時頃になっていた。身震いするほど美しい理論に感激すると同時に、誇大妄想狂だった私は、それまでにそれらを自ら発見できなかったということに愕然としました（笑）。

藤原正彦が薦める
25冊

地方出身なので
田舎を描いた作品に惹かれます

---

❶ 石光真清『石光真清の手記』(1) 〜 (4)（中公文庫）
❷ 石光真人編著『ある明治人の記録—会津人柴五郎の遺書』（中公新書）
❸ 日本戦没学生記念会編『きけわだつみのこえ—日本戦没学生の手記』（岩波文庫）
❹ 福沢諭吉『福翁自伝』（岩波文庫）
❺ 新渡戸稲造『武士道』（岩波文庫）
❻ 杉本鉞子『武士の娘』（ちくま文庫）
❼ 谷崎潤一郎『少将滋幹の母』（新潮文庫）
❽ 山川菊栄『武家の女性』（岩波文庫）
❾ 内村鑑三『代表的日本人』（岩波文庫）
❿ 無着成恭『山びこ学校』（岩波文庫）
⓫ 徳冨健次郎（蘆花）『小説　思出の記』(上)(下)（岩波文庫）
⓬ 伊藤左千夫『野菊の墓』（新潮文庫）
⓭ 北條民雄『いのちの初夜』（角川文庫）
⓮ 藤原てい『流れる星は生きている』（中公文庫）
⓯ ヒルトン『チップス先生、さようなら』（新潮文庫）
⓰ オーウェル『パリ・ロンドン放浪記』（岩波文庫）
⓱ ジャック・ロンドン『白い牙』（新潮文庫）
⓲ アーネスト・サトウ『一外交官の見た明治維新』(上)(下)（岩波文庫）
⓳ モラエス『徳島の盆踊り—モラエスの日本随想記』（講談社学術文庫）
⓴ 宮本常一『忘れられた日本人』（岩波文庫）
㉑ 宮城谷昌光『花の歳月』（講談社文庫）
㉒ 渡辺京二『逝きし世の面影』（平凡社ライブラリー）
㉓ テープリッツ／ラーデマッヘル『数と図形』（ちくま学芸文庫）
㉔ ジョージ・ポリア『数学における発見はいかになされるか』(第1) 帰納と類比 (第2) 発見的推論（丸善）
㉕ 高木貞治『初等整数論講義』（共立出版）

福田　僕は〝ヘンな人〟の本を選びました。日本の文化ということで、ちょっと芸能に偏ってしまうけれど、杉山茂丸の『浄瑠璃素人講釈』、坂東三津五郎（八代目）と武智鉄二の『芸十夜』、折口信夫の『かぶき讃』なども入れました。放浪の詩人、金子光晴の『どくろ杯』は、くすぶりの底のそのまたくすぶりみたいな感じがある本ですね。

高見順の『いやな感じ』は昭和初期のアナーキストくずれの青年を主人公にした大傑作で、自分は妾の子だからというコンプレックスが強力にあって、よく書いたなあと思います。

山折　杉山茂丸は明治から戦前まで活躍した〝政界の黒幕〟でしたね。

福田　ええ。それに『ドグラ・マグラ』を書いた夢野久作の親父です。杉山は浄瑠璃の見巧者として、この本を残しましたが、一時期は古書価が五万円以上もしたんですよ。いまは岩波文庫で読めます（現在、品切れ）。

『芸十夜』は芸談の白眉ですし、『かぶき讃』は民俗学者が歌舞伎や文楽について論じた劇評集で、併せて読むと非常にいいですよ。

島田　戦争にかかわりのある名著がいくつも入ってますね。

福田　ええ。セリーヌの『夜の果てへの旅』は、〝呪われた作家〟と呼ばれるセリーヌの自伝的小説。第一次大戦に志願入隊して、戦地で重傷を負ってから各地を遍歴していく話ですが、セリーヌも生涯ずっと放浪しつづけ、しかも刑務所にまで入れられた。本当に気の毒な作家で

福田和也が薦める 25冊

〝ヘン〟は普遍に通じるんです

❶ 杉山其日庵（茂丸）『浄瑠璃素人講釈』（上）（下）（岩波文庫）
❷ 坂東三津五郎／武智鉄二『芸十夜』（雄山閣）
❸ 金子光晴『どくろ杯』（中公文庫）
❹ 高見順『いやな感じ』（共和国）
❺ グレアム・グリーン『情事の終り』（新潮文庫）
❻ セリーヌ『夜の果てへの旅』（上）（下）（中公文庫）
❼ ヘミングウェイ『武器よさらば』（新潮文庫）
❽ ロバート・キャパ『ちょっとピンぼけ』（文春文庫）
❾ 檀一雄『火宅の人』（上）（下）（新潮文庫）
❿ 今東光『十二階崩壊』（中央公論新社）
⓫ スタンダール『赤と黒』（上）（下）（新潮文庫）
⓬ ドストエフスキー『カラマーゾフの兄弟』（上）（中）（下）（新潮文庫）
⓭ 谷崎潤一郎「刺青」（新潮文庫）
⓮ 火野葦平「麦と兵隊」（新潮文庫）
⓯ 石川達三『金環蝕』（P＋D Books）
⓰ 田山花袋『東京の三十年』（講談社文芸文庫）
⓱ 川崎長太郎『鳳仙花』（講談社文芸文庫）
⓲ 絲山秋子『ばかもの』（河出文庫）
⓳ 折口信夫『かぶき讃』（中公文庫）
⓴ ツヴァイク『昨日の世界』（1）（2）（みすずライブラリー）
㉑ 桶谷秀昭『昭和精神史』（扶桑社）
㉒ マーク・ゲイン『ニッポン日記』（ちくま学芸文庫）
㉓ 佐伯一麦『渡良瀬』（岩波書店）
㉔ 田村隆一『インド酔夢行』（講談社文芸文庫）
㉕ ドーソン『モンゴル帝国史』（1）～（6）（東洋文庫）

す。

ヘミングウェイの『武器よさらば』も第一次大戦のイタリア戦線に身を投じたアメリカ人とイギリス人看護婦の恋。

『昨日の世界』は第一次大戦前から第二次大戦の前半が背景ですが、ユダヤ系オーストリア人のツヴァイクが亡命を余儀なくされ、イギリス、アメリカ、ブラジルと転々とする様が描かれている。これを読むと、ヨーロッパにとって第一次大戦がいかに大きな事件だったのか、よくわかります。タイトルの『昨日の世界』とは戦争以前の世界で、それはもう失われてしまったということですね。

島田　セリーヌの罵倒表現は凄まじいですよ。次々と繰り出される強烈な悪口雑言の数々を「在特会」（在日特権を許さない市民の会）の人は学んでいるのかな（笑）。

福田　グレアム・グリーンの『情事の終り』は、人妻との恋にカトリック信仰が絡み合う話です。イギリス小説としてはかなり素晴らしい。第二次大戦中のドイツの爆撃を受けるロンドンを舞台に、よくもこんな生々しい恋愛が描けたものだと感心します。

キャパの『ちょっとピンぼけ』は、スペイン内乱から第二次大戦までの従軍体験を中心に書かれています。この本には出てきませんが、キャパは日中戦争も撮っていますね。

歴史の本からも一冊をと思い、『モンゴル帝国史』を。著者のドーソンはトルコ系アルメニ

島田雅彦が薦める 25冊

これを読めば世界一周できる!

1. ソポクレス『オイディプス王』(岩波文庫)
2. オマル・ハイヤーム『ルバイヤート』(岩波文庫)
3. ダンテ『神曲』(河出文庫)
4. レオナルド・ダ・ヴィンチ『レオナルド・ダ・ヴィンチの手記』(上)(下)(岩波文庫)
5. マキアヴェッリ『君主論』(講談社学術文庫)
6. シェイクスピア『ヴェニスの商人』(新潮文庫)
7. スウィフト『ガリヴァー旅行記』(岩波文庫)
8. ゲーテ『若きウェルテルの悩み』(岩波文庫)
9. ルソー『孤独な散歩者の夢想』(新潮文庫)
10. カント『永遠平和のために』(岩波文庫)
11. フローベール『聖アントワヌの誘惑』(岩波文庫)
12. ドストエフスキー『罪と罰』(上)(下)(新潮文庫)
13. ニーチェ『道徳の系譜』(岩波文庫)
14. モース『贈与論』(ちくま学芸文庫)
15. フロイト『モーセと一神教』(ちくま学芸文庫)
16. カフカ「断食芸人」(岩波文庫)
17. ブルガーコフ『巨匠とマルガリータ』(上)(下)(群像社ライブラリー)
18. ガルシア=マルケス『百年の孤独』(新潮社)
19. 井原西鶴『好色一代男』(岩波文庫)
20. 上田秋成『雨月物語』(角川ソフィア文庫)
21. 夏目漱石『草枕』(新潮文庫)
22. 樋口一葉『にごりえ・たけくらべ』(新潮文庫)
23. 川端康成『眠れる美女』(新潮文庫)
24. 石原莞爾『最終戦争論』(中公文庫 BIBLIO20世紀)
25. 岡本太郎『沖縄文化論―忘れられた日本』(中公文庫)

ア人でスウェーデンの外交官だったという特異な経歴の持ち主で、十数カ国語を自在に操ったといいます。東洋文庫版で全六冊という浩瀚なものですが、菊池寛の愛読書だったんですよ。

島田　僕は、みなさんとの重複を避けようと思って、直球すぎるくらいスタンダードな本をあえて選びました。大学の一般教養で文学史を教えているので、そこで取り上げた作品もなかには含まれています。この二十五冊を一通り読めば、海外の教養ある人たちと会話するのに困らないし、読書で世界を一周した気分になれます（笑）。

山折　『オイディプス王』『神曲』といった古典もちゃんと押さえられていますね。

島田　『オイディプス王』はあらゆる文学の基本で、物語における起承転結であるとか、テーマとしての近親相姦、父殺し、犯人探し、自分探しなどのパターンが百ページ足らずの悲劇にすべて集約されています。まあ、文学はここから始めるしかないだろうというものですね。『神曲』は、いまでは映画や漫画になっていますし、地獄、煉獄、天国の階層構造は、いまのゲームの世界に通じるものがある。若者にも親しみやすいと思います。

藤原　あ、川端康成の『眠れる美女』が入ってる。

島田　『眠れる美女』は、いくら年を取っても、男は性的なことを諦めることができないという恋愛観、女性観が出ていますね。ガルシア＝マルケスがこれに刺激されて作品を書いたり、フランスやドイツで映画化されたり、海外の作家に強い影響を与えた。ルソーの『孤独な散歩者の夢想』と併せて読めば、老人とはどういうものか、よくわかります。

福沢諭吉の保守主義

藤原　山折さんが選んだ『学問のすゝめ』は、私も初め入れていたんです。実を言うと、この本は若い頃に読んで「実学ばかり有り難がるくだらない本だ」と思ったんですね。数学や文学は実学じゃありませんから、ずっと毛嫌いしていた。

ところが、四十歳ぐらいになってふと読みなおしたら、「これはすごい人だ」と感心した。それからは読むたびにすごい人だと思っています。『学問のすゝめ』の初編は一八七二（明治五）年に出版されましたが、百四十年後のいま読んでも内容が新しい。新自由主義による改革に浮かれた人々は、この本を熟読したほうがいい。

初めは『福翁自伝』と併せて二冊を候補に挙げていましたが、山折さんと重複するので、私は自伝のほうにします。日本近代史の重要な文献であると同時に自伝としても傑作です。

山折　『学問のすゝめ』で気になるのが「一身独立して一国独立する」という言葉です。一般にこの「独立」はインディペンデントの訳語だとされていますが、私が思うところでは諭吉本人は「独り立ち」と読んでいたに違いありません。欧米から輸入された「個人」や「個」とは別の意味です。「独り」という日本語には、千年にわたる伝統、歴史がありますからね。単独、孤独などの「独り」で、諭吉独特のニュアンスを感じます。その問題を考えるうえでも非常に重要な書物です。

島田　元服みたいなニュアンスですね。一般には、福沢が西洋文化を広く紹介して明治の文明開化がはじまるというイメージですが、福沢のなかでは江戸以前とのつながりは消えていない。

藤原　福沢は『学問のすゝめ』で、やたらと西洋文化にかぶれている連中を「開化先生」と皮肉っている。当時の文明開化は、いまでいうグローバル化とほぼ同義語でしょう。その意味でも新しい。

島田　福沢こそ「開化先生」だと思われていたけど、実はそうじゃなかった。

藤原　『文明論之概略』などは啓蒙家としての一面を発揮していますけど、西洋文明にかぶれて鵜呑みにしているのとは違うんです。

たとえば古くからある日本の伝統や習慣、仕来りなどは何百年、何千年にわたる先人の英知が蓄積されていると尊重しています。新たに西洋文明を取り入れる場合も、幾歳月にわたり千思万慮したうえでないと、取り入れてはいけないという。これは「保守主義の父」と呼ばれるエドマンド・バークの『フランス革命についての省察』に通じる考え方です。

福田　福沢諭吉で忘れられないのは、自ら創刊した「時事新報」に書いたコラム群ですね。

有名な「脱亜論」もこの新聞に連載されたものですが、ほかにも国のあり方や外交問題から賄賂や妾といった題材も自在に論じています。諧謔に満ちた文章はいまも色あせていない。

山折　私は、明治の国づくりには三つのモデルがあり得たと思うんですね。それは福沢諭吉、内村鑑三、柳田国男のモデルです。このうち実際には福沢諭吉のモデルで近代化に成功したわけですが、それから百年以上が経過して綻びが出ているように見えます。そこで、文明開化を最も鋭く批判した内村鑑三の問題意識を改めて見直すと非常に興味深い。その本質とは何かというと、西洋文明を受け入れながらも、西洋の精神的機軸は拒絶した点です。

日蓮はセクシー

島田　戦後、ポプラ社などから小学生向けの伝記シリーズが盛んに出ますね。野口英世とかベートーベンとかナポレオンとか、僕も幼いうちに偉人伝を読まされました。藤原さんが候補に入れられた内村鑑三の『代表的日本人』はその走りみたいなもので、影響力が強かった。

山折　このなかで代表的な日本人として挙げているのは西郷隆盛、上杉鷹山、二宮尊徳、中江藤樹、日蓮の五人ですが、私にはなぜ日蓮が入っているのか、よくわからない。わからないけど、いかにも内村鑑三が選びそうな感じもあります。というのも、鎌倉仏教のカリスマたちのなかで、近現代の日本人に最も影響を与えているのは日蓮でしょう。そのことと内村鑑三との関係が気になります。

藤原　お茶の水女子大の学生たちに『代表的日本人』を読ませると、一番人気は日蓮なんです。セクシーだって（笑）。その際立った独創性と燃えるような情熱をもって『立正安国論』を著し、鎌倉の街頭で政府に罵詈雑言を並べたてるのですから。こういう人がいまの日本には見当たらない。私の推測ですけど、内村鑑三は日蓮が相当に好きだったんでしょう。強烈な祖国愛と信仰心。二人はタイプが似ています。

島田　内村鑑三は無教会派を始めたわけですから、ヨーロッパの教会ヒエラルキーそのものにも反発している。独立心、自立心は相当なものです。

藤原　この本が初め欧米向けに英文で出版されたのは一八九四（明治二十七）年で、日清戦争の直前です。鑑三自身も、日清戦争は支持したけど、日露戦争の前に非戦論を唱えました。あの時代に日露戦争に反対するなんて尋常ではない。一八九一（明治二十四）年に一高の教育勅語奉読式で明治天皇の署名に最敬礼しなかったという不敬事件が起きています。鑑三は過激と見られ、方々で摩擦をおこしていましたから、いつも日蓮を思って、自分を励ましていたんじゃないでしょうか。科学分野と違い、日本には独創的な思想家が少ないと思いますが、日蓮は極端なくらい独創性に富んでいます。日本人として誇りうる人物と思います。

福田　独創性はたしかにあるけど、それだけに法華宗は日本の仏教諸派の中でも厳しく弾圧されましたね。「鍋かぶり日親」みたいに、焼けた鍋をかぶせられる拷問を受けたり。弾圧のされ方は日本の宗教史でも特異でしたが、それでも全然、平気だった。

山折　明治維新は神道と結託したから成功して、昭和維新は法華主義と結託したから失敗したという見方もできます。法華主義、日蓮主義はこれまで国家の改革運動と結びつくと必ず失敗してきた。その源流は、日蓮が『立正安国論』を北条時頼に送って、伊東へ流罪となったことに遡ります。

昭和維新にかかわった日蓮信者の軍人官僚、思想家はたくさんいました。田中智学に始まる日蓮主義にみんな取り込まれて、血盟団を率いた井上日召の一人一殺主義までいくわけですから。それは近代国家の革命には結びつかないわけですよ。日蓮主義的エネルギーの爆発は、日本では間欠泉のように起こる現象で、今後も起こるような気がします。

「カズオ・ダン通り」

島田　夏目漱石の作品では、山折さんが選んだ『行人』も大好きですが、僕は『草枕』を入れました。漱石はいろんなスタイルで小説を書いた人で、なかでも『草枕』のスタイルは際立っています。近代文学の中では特異なスタイルではないでしょうか。外国でも人気があって、カナダの有名なピアニストのグレン・グールドも、ラジオで『草枕』の英訳を自ら朗読したほどの愛読者でした。

山折　漱石の代表作といえば『こころ』ですけど、あの作品で「先生」が自殺する理由はわかったような、わからないような……。恋敵のKが自殺してから何年も経つのに、あの程度のことで、なぜ先生は自殺するのか。その秘密は『行人』に出ていると思います。漱石は近代で最も「人間の悪」を見つめた作家、その思想性を紐解くには『行人』が手がかりになる。

ところで、千年以上にわたる日本の文学史のなかで、男女の三角関係を徹底的に描いた作品は『源氏物語』ぐらいでしょう。それ以降はずっと出ていない。バルザック、ドストエフスキーなど海外の十九世紀文学に比べたら圧倒的に貧しいですよ。

近代になって漱石が三角関係を描きますけど、漱石の作品は、最後に三角関係の一角が崩れて、二者関係になってしまう。それはなぜかという疑問がずっとありましてね。『行人』では、人間の関係を突き詰めていくと、最後は「死ぬか、気が違うか、それでなければ宗教に入るか」と登場人物に言わせています。『こころ』の先生が自殺する理由は、その文脈で解くことができるのではないかと。

藤原　たしかに漱石が描く三角関係は長く続かないですね。

山折　その対極にあるのは、たとえばドストエフスキーの『永遠の夫』です。あれは凄まじい三角関係で、裏切られ、寝取られ、踏みつけられてもなお亭主として生きる主人公の凄さ。

ああいう関係をわれわれの文学はついに表現できなかったのではないですかね。

福田　フランスではラクロの『危険な関係』などがそれを包含する関係をつくり上げていますね。しかも登場人物のほとんどが悪人で、忌まわしい欲望を振り回している。やっぱりフランス人は怖いと思います。

島田　フランス人の恋愛にはゲームとしての洗練がつきものだから、三角関係でないと成立しないくらいです。『源氏物語』にも、たしかに母恋しさから継母に恋慕する三角関係はありますが、父親がそれを許してしまうから、フランス的な熾烈なものにならない。寛大というか、宥和的というか。オイディプス期がなくて、父子の対立がほとんど捨てられている感じです。先ほど、人間は突き詰めれば死ぬか、狂うか、宗教に走るしかないという話が出ましたが、福田さんはまるでそれを受けたみたいに、狂った人の本ばっかり選んでますね（笑）。

福田　たしかにね（笑）。絲山秋子は『ばかもの』を選びましたが、彼女の作品には堅気サイドと破滅サイドがあって、これは破滅サイドの傑作です。現代作家として、落とせない人ですね。

山折　日本の場合、狂うことは「神が憑く」ということでもありました。神が憑くと狂った状態になり、その結果、世間から排除される。

島田　日本近代文学に限らず、それこそ唐詩の時代から文学はドロップアウトの感覚と近しいから、文学史に残る傑作と呼ばれる作品も、実際に読んでみると相当にイカれてますよね。

福田 その点では、檀一雄は『火宅の人』ですね。あれだけデタラメやっても、最後まで書き切ったから偉い。

山折 あれは感動しました。最後は外国へ行って仕上げましたね。

福田 ポルトガルのサンタクルスへ行ったんです。海岸沿いの町で、彼が住んだ小路は今では「カズオ・ダン通り」の名がついています。最後は、女はいらないという境地までいったんじゃないかな。

藤原 海岸に「落日を拾ひに行かむ海の果」という彼の句碑が海に向かって立ってますね。

島田 地元の人にかなり愛されていたらしいですよ。女性だけじゃなくて、子供にも老人にも(笑)。

山折 タイトルは法華経の「三車火宅」から取ったようですが、檀一雄は法華経を読んでたようには思えないですね。

全員一致したのは谷崎文学

福田 私は谷崎潤一郎なら出世作にしようと「刺青(しせい)」を入れましたけど、藤原さんは『少将滋幹(しげもと)の母』を選ばれていますね。

藤原　『少将滋幹の母』は、私が生まれて初めて強烈な劣等感にとらわれた本なんですよ（笑）。私は傲慢で自信過剰なほうですから、谷崎の文章の美しさにショックを受けた。「極端なほど文才がある人がいるもんだ」と思ってね。

島田　私も最初、『吉野葛』をリストに入れていたんです。『吉野葛』は一九三〇（昭和五）年に書かれましたけど、主人公は南北朝の歴史小説を書くための素材集めに吉野へ出かけるという話です。当時は国粋主義的傾向が強まり、南北朝の正閏問題が再び政治利用された時期なのに、まったく政治や天下国家とは無縁だという態度で、母恋の物語に自分の歴史観や政治観をしれっと書いてる。やっぱりこの人は只者ではない。

山折　実は私も谷崎は入れようと思って、『陰翳礼讃』を候補にしていました（笑）。四人とも入れようとしたのだから、谷崎はやっぱり大作家ですね。

島田　『陰翳礼讃』は長らく外国では大学の建築科とかで、特にポスト・モダン以降ですけれども、英訳されたものがテキストとして使われたようです。

山折　関東大震災から当時の知識人が何を学んだかと考えたとき、寺田寅彦、和辻哲郎、谷崎の三人は重要だと思います。彼らは、高温多湿のモンスーン日本列島を発見し、それがくり返される地震や台風に関係しているだろうと文化論、科学論を展開した。谷崎でいえば、その中心的な作品が『陰翳礼讃』ですね。われわれは三・一一以降、この問題をどう受け止めるか、とあらためて問われている気がします。

福田　今東光の『十二階崩壊』は、谷崎の「刺青」とカップリングして読むといいかもしれません。「十二階」とは関東大震災で半壊した浅草の凌雲閣のことで、この作品は谷崎に私淑していた二十代の思い出を中心に書いています。川端、芥川、佐藤春夫なども実名で登場してとても面白いけど、途中で絶筆となりました。

当時から谷崎は目茶苦茶にわがままで、俺が銭湯に行くまで誰も入れるなと今東光に命じたりする。谷崎はちょっとでも着物に毛やホコリがつくと何度も手で払うような神経質タイプなんです。デブで潔癖症というのは生き方として辛いね（笑）。

島田　谷崎にしても川端にしても、昔はそういうイカれた人間がつるんで活動していたから、小さなソサイエティーのなかで競い合えて、文化として残ったように思います。

福田　いまの変態や異常者は孤立する一方だからね。

島田　藤原さんの選書は、地方の暮らしにかかわるものが多いですね。それぞれ原風景が違うというか。

藤原　私自身が長野県出身ですから、都会の話よりも田舎の暮らしや感覚が出ている話のほうが素直に感動します。

宮本常一の『忘れられた日本人』も、永遠に残しておかなければいけない日本の生活の情景が記録されています。昔はどこの村にもあったものが、日本からどんどん失われている。柳田国男とは違ったタイプのルポルタージュで非常に面白い。

島田　宮本常一は、私も候補に挙げたかった一人です。この人は戦後かなり精力的に日本中を歩き回っていますね。一九五〇年代になると、どんな田舎へ行っても近代化の波が押し寄せていたでしょうから、かろうじて残っているものを丹念に拾い集めた。そのフィールドワークが素晴らしい。

福田　「女の世間」とか。

藤原　そうそう、「土佐源氏」もあの本。

山折　宮本常一の生まれ故郷は瀬戸内の周防大島ですけど、そこに久賀歴史民俗資料館というのがあって、彼の膨大な調査ノートや記録写真が残されています。一人の学芸員がそれを突き合わせているのですが、整理されたらたいへんな学問的資産になるでしょうね。民俗学、人類学にとって貴重な材料になる。

島田　宮本は小型のカメラで膨大な数の写真を撮っていたそうですね。

山折　仙台にいるとき、宮本常一さんにお目にかかったことがあるんですよ。松島などを回っておられましたが、資料館には当時の調査ノートと写真がそっくり残されていましたね。宮本さんは小柄で、日本列島を歩き回るような体力、脚力がある人には見えませんでした。非常に穏やかで、控えめな方でした。

藤原　日本がもともと性的に開放された社会だったという宮本の説は面白いですね。西洋文明が津々浦々まで伝わってから、日本独自の文化が抑圧されていくわけです。

なぜ小林秀雄は嫌われるのか？

福田　私は批評家も欠かせないと思って、桶谷秀昭の『昭和精神史』を入れました。山折さんが挙げている小林秀雄の「無常という事」も初めはリストに入れていました。

山折　小林秀雄の無常論はどうも視覚中心で、『平家物語』のような聴覚の世界から受ける無常観は度外視しているように感じます。いかにも近代的な見方ですね。小林秀雄の「無常」という言葉には私も影響を受けましたが、視覚中心のところは評価できないと思いつづけてアンビバレントな気持ちがあります。

島田　去年、大学入試センター試験の国語で、第一問に小林秀雄の「鐔（つば）」が出て話題になりましたね。このエッセイのせいで、国語の平均点が五割を切って史上最低になったと（笑）。

福田　かなり飛躍のある文章だし、読んでいて辛いよね。そこが魅力でもあるんだけど。

山折　小林秀雄の文章は理系、社会科学系の人たちには特に評判が悪くて。

藤原　私なんかまったく読めないです。あまりにも馬鹿馬鹿しくて（笑）。論理の飛躍はあるし、文章が下手だし、文法的に間違えてるし。「中原中也の思い出」を読んでさらに嫌いになりました。昔は入試の国語に小林秀雄の文章ばかり出ましたが、全然いい点を取れなかったから、よけい憎むようになった（笑）。

山折　ただ、どうでしょう。あの文章が選ばれたのは三・一一の大震災と関係ないでしょうかね。戦後の日本には丸山眞男的な明晰な文章、論理的でわかりやすい文章もありますが、人間いかに生きるかという問題は論理を超えるところがあって、三・一一が突きつけた問題に答えるような形で選ばれたのではないかと。

島田　そういう一面もたしかにありますが、それはインテリに限った話だと思いますよ。大震災みたいなことが起こると、むしろ一般的にはわかりやすい物語のほうに進みやすいんじゃないですかね。復興やコミュニティー再生に関してわかりやすいストーリーをつくって感動を求めたがる。

福田　そう、〝感動〟がよくないんだよ（笑）。

島田　一方で「真面目で誠実だ」みたいな態度価値が問われる状況になって、エロ表現や際どいジョークへの締めつけが三・一一以降、若干きつくなった印象がありますね。

そんな中、すべて曖昧にできるという意味で、妙なポエムが流行りました。いまは詩集を読む人なんてほとんどいないのに、震災直後にテレビＣＭで金子みすゞの詩が流れたり。

福田　金子みすゞじゃなくて、金子光晴だったらよかったんだけどね（笑）。ふらふらと中国や東南アジアまで行っちゃったり。

島田　そう、谷崎初め、関東大震災で東京を逃げ出す文学者も少なくなかったけど、基本、文学者は不謹慎なものですよ（笑）。

福田　それにしても、こうして百冊を並べると、この時代にこそ求められる名著という気がしますね。

島田　選者が男四人だから、女性の作品が少ないのはやや問題かな。

藤原　定番だけではなく、杉山茂丸の『浄瑠璃素人講釈』とか、長谷川伸の『瞼の母』とか、意外性のある本も入っていて面白いですよ。

山折　百冊を推薦しながら、あらためて自分のテーマを見つめ直すことができたようにも思いますね。三・一一以降の課題、これからの課題についても、みなさんの意見を聞けてよかった。今日は勉強になりました。

第三章　定年後を支えてくれる古典10冊

神巫を嘲笑する荘子の「遊」

『荘子』（福永光司・朝日新聞社）　選／**玄侑宗久**（作家・臨済宗僧侶）

今ほど未来への不安が大きい時代もなかったような気がする。

年金や福祉、医療ばかりか、北朝鮮、中国など、安全保障の面からも不安のタネには事欠かず、しかも頼りない政権はいつまで経っても学級会みたいな内輪もめを止めそうにない。

しかし我々の不安は、そのような外的な条件よりも、むしろ我々の心の傾向によって増幅されているのではないかと思う。

つまり、未来は分からないもの、という諦念を、我々はいつしか喪失してしまい、そのために「分からない」不安が理不尽な苦しみとさえ感じられるのではあるまいか。

振り返れば洋の東西を問わず、未来を予知し、予言する者こそ常に権力を握ってきた。この世で最初に予言者になったのは、ギリシャ神話に登場する大地の女神ガイアだとされる。ガイアの神託は、山の割れ目から噴きだす蒸気を吸って神懸かりになる巫女(みこ)、シビュラによって告げられた。

ガイアからデルフォイの神託所を奪った子孫のアポローンも、ピューティアと呼ばれる巫女たちを通して予言を告げた。彼女たち霊媒の言葉は、政治、経済、宗教どころか戦争に至るまで、大きく動かす力をもっていたのである。

むろん中国の古代にも、占いや巫術(ふじゅつ)は大きな力をもっていた。亀の甲羅に入った罅(ひび)で政治の決断をするだけでなく、夢解きをする専門の役所まであったらしい。巫術も夢解きも、未来を予知するとされたからこそ力をもったのである。

日本における卑弥呼の存在も、そのような予知する力と無関係には語れないだろう。思えば聖徳太子も「未然のことを知る」能力があったとされるし、七福神で唯一実在した唐の布袋和尚も、天気予報やその他の予言が当たったと云われ、ついに中国では未来仏の弥勒菩薩として祀られるに至ったのである。

人間がどれほど未来を知りたがる存在か、納得いただけただろうか。

そんな状況のなかで、しかし荘子は紀元前四世紀の中国戦国時代、占いや巫術を徹底的に批判した。『荘子』応帝王篇に描かれる季咸(きかん)という神巫(みこ)への仕打ちは尋常ではない。そこでは神巫は、けっして未来が見えているのではなく、現在をつぶさに見ているだけなのだと明かされ、しかも人がそんなふうに占い風情に見透かされてしまうのは、世間に対してなにか頑なに押し通そうとするものを抱えているからだと喝破した。

儒教ではそれを「志」と呼び、現代人は「計画」「目標」などと言う。「計画」も「目標」も「志」も、現代人にはけっして悪いものとは思えないだろう。しかし荘子によれば、そこは全く違う。変化し続ける状況に完全に身を任せることこそ荘子にとっては目指すべき境地であり、そうした変化に逆らう意志は、どう呼ばれようと賢しらな人為として否定されるのである。

あらゆる未来を想定せず、無心にその変化に対応していく。それは仏教の「観音」の思想、すなわち三十三変化にも通じるものだし、また禅をなかだちに武士道にも繋がっていく考え方だ。

あらゆる予断をもたず、なんの「目標」も「計画」も「志」ももたず、やや受け身がちに無心で立っている状態、武士にとってはこれが最強の在り方なのである。

現代でも、人は同じように未来への不安から、霊能者や占い師、あるいはスピリチュアル・カウンセラーなどと称する人々に縋る。なにも考えず無心で、などといっても、そんなふうに在りたいとさえ思わないだろう。なによりの元凶はおそらく、シミュレーションなどと呼ばれる科学的な予測が、今は可能だと思われていることだろう。

しかし複雑系は一つの要素の変化が思わぬ大変化を引き起こす。明日の天気予報の的中率はかなり上がってきたが、十日以上先の予測は殆んど無惨なほどしか当たらないのである。

野生動物が自然災害を免れるのは、予知能力なのではなく、じつは繊細に「いま」を感じているせいだということを、そろそろ我々も自覚しなくてはならないだろう。

荘子は「不測に立ちて無有に遊ぶ」と、その境地を表現する。あらゆる予測をもたず、今このときを予断なく無心に「遊」ぶのだ。

いったい、これほど積極的に「遊」を謳った思想家が、かつていただろうか。「遊」とは本来「神」だけを主語にもつ動詞だったが、荘子によって初めて人間にも拡張されたのである。

低成長とも言われる現代、必要なのは成長のためのいかなる「計画」でも「目標」でも「志」でもなく、むしろ現状を肯定してそこに「遊ぶ」ための思想ではないか。『荘子』こそが今この国には切実に求められているはずである。

今こそ日本人の拠りどころとして

『論語』（金谷治訳注・岩波文庫）　選／**齋藤孝**（明治大学教授）

今の日本は、人々が生きる道に迷い、国としても進むべき方向を見定められずにいる状況です。その原因のひとつは、人々に共通する精神的な拠りどころがないことにあるのではないでしょうか。昨年、私は『現代語訳　論語』（ちくま新書）を一年半かかって完成させましたが、今こそ論語が日本人の精神面の基準になるべきだという思いを強くするばかりです。

言うまでもなく、論語は長いあいだ日本で親しまれてきた古典中の古典です。江戸時代になると寺子屋教育によって庶民にも広まり、論語の文言とセットになって倫理観が自然と体の中に入っていくようになりました。それが人々の学問の素養となり、日常の行動の規範にもなっていたのです。

倫理観というと自分を縛るものというイメージがありますが、じつは何を大切な価値として生きていくのかの基準になるものです。それこそが個人の生きる力を育て、国としての勢いを作るのです。

論語的な倫理観が国民共通の思想となって最大限に発揮されたのは、幕末から明治にかけてだったのではないでしょうか。まだ国としては貧しく、諸外国に比べて遅れていましたが、自分たちの国をよりよい国にしようという希望に溢れた人々の思い、国の勢いは今とは比ぶべくもありません。

たとえば「義を見て為ざるは、勇なきなり」（為政第二）という言葉があります。自分自身の身は朽ちたとしても明るい日本を築くのだ、という信念に基づいた幕末の志士たちの行動は、まさに右の言葉そのものでした。

それほどに、論語が親しまれたのはなぜでしょうか。そのポイントは、論語の最大の魅力でもある、「学ぶことを中心として人生を作る」という考え方にあると思います。「学びて時にこれを習う、亦た説ばしからずや」（学而第一）の有名な語で始まるように、論語の核は一生学び続ける姿勢にありました。孔子とその弟子たちは、「朝に道を聞きては、夕べに死すとも可なり（朝に正しく生きる道が聞けたら、その日の晩に死んでもかまわない）」（里仁第四）というほどの強い覚悟に溢れて、ひたすら学問を希求していたのです。こうした学びを軸にした人生のあり方が、かつての日本にはフィットしていました。

けれども、いつの間にか論語的世界観の地盤沈下が始まりました。とくに一九八〇年代以降、学ぶことを軸にした生き方から、快楽、心地よさを中心にした人生のあり方へとシフトしはじめると、すっかり日本人は変わってしまいました。けれども、結局そこから新しい価値観が生まれることはなく、現在の日本は軸を失ったままの不安定な状態が続いています。

「子の曰わく、君子は其の言の其の行に過ぐるを恥ず（君子は自分の言葉が実行以上になることを恥とする）」（憲問第十四）という言葉がありますが、今はできそうにもないことを軽々しく約束する人のなんと多いことでしょう。そもそも、政治家からして発言と行動が一致していないために国民の信頼を得られずにいるわけで、まさに「民は信なくんば立たず」（顔淵第十二）です。国が迷走するのも仕方のないことです。

論語は、決してとっつきにくい古典ではありません。二千五百年も前の言葉であるのに、そこに書かれている内容は、このように現在の状況にもほぼ直接通用することばかりです。ここに孔子の説く「中庸」の深さがあるのかもしれません。

中庸というと、現在では「ほどほど」というような消極的な意味合いで語られることが多いのですが、「中庸の徳たるや、其れ至れるかな」（雍也第六）とあるように、本来の中庸が意味するところは非常に深いものです。このくらいでいいか、といった曖昧なものではなく、ひとつひとつの状況をつぶさに観察して、これしかないという押さえどころを見つけ、瞬時に判断し、行動に出るというものです。言ってみれば、棋士が考えに考えた末に打つ一手のようなものではないでしょうか。人間が求められることの本質は、今も昔も変わりないのです。

　さらに、論語の言葉に孔子自身の人生を重ね合わせてみると、より味わい深く読むことができるでしょう。孔子は五十歳を過ぎて魯の国を出て、十四年間、ひたすら職を求めて諸国を放浪し続けましたが、とうとうどこにも仕官することはできませんでした。つまり、ずっと無職のまま。孔子ほどの人物であっても活躍の場を得ることができずにいたのです。けれども、そんな不遇な生活の中にあってもつねに君子の道を求め続けました。

　論語の言葉の多くがそうした孔子自身の憤りややるせなさの中から生まれたものであったことを考えると、現在の状況に不満や迷いのある人にとっても身につまされるのではないでしょうか。論語には、今、目の前にある自分自身の人生を素晴らしくするためのヒントが、数多くつまっているのです。

力の行使をめぐる普遍的な教訓

『第二次世界大戦』ウィンストン・チャーチル（佐藤亮一訳・河出書房新社）

選／**手嶋龍一**（外交ジャーナリスト・作家）

「ジャーナリストは羨ましいですね。歴史上の巨人たちにも直に会って話が聞ける仕事なのですから」

そういわれてみれば、文化大革命の嵐を生き抜いた周恩来、東西ドイツの統一を成し遂げたヘルムート・コール、イラクへの先制攻撃に踏み切ったジョージ・W・ブッシュといった人々は、それぞれに人間臭く、忘れ難い人々だった。だからといって机の上に会見の写真を飾って懐かしんだりしたことはない。わが心はまだ見ぬ政治指導者たちに惹かれているからだ。手元の手帳には、時に相手を怒らせるかも知れない質問をぶつけて切り結んでみたい名が書き連ねてある。

ジャーナリストとは、なんと業の深い職業なのだろう。すでに遥か昔に逝った指導者でも、会わせてやろうと持ちかけられれば、迷わず「お願いします」と答えてしまうにちがいない。

会ってみたい人物の筆頭は、ジョルジュ・クレマンソー。第一次世界大戦で祖国フランスを勝利に導き、「虎（ティーグル）」と畏れられた宰相である。ベルサイユ講和会議で凄まじいばかりのタフネゴシェーターぶりを発揮し、「ウッドロー・ウィルソン大統領を発狂させかけた」といわれる老練な政治家だ。アメリカ人ジャーナリストの会見記を読んだことがある。指定された時間にドアを叩くと、引退して久しいクレマンソーが姿を見せ「取材など受けた覚えはない」と煙に巻いてしまう。だが話が対独講和に及ぶと堰を切ったように語りだして倦（う）むことがない。宿敵ドイツに抱いた敵意はそれほどに烈しく、膨大な賠償金を課してしまったのである。過酷な戦後処理はやがてブーメランのように戦勝国に跳ね返ってくる――。それがナチズムを胚胎させた土壌だったと喝破したのはウィンストン・チャーチルだった。

ナチス・ドイツのポーランド侵攻を機にチャーチルが海相に復帰すると、海軍省は全艦隊に「ウィンストン帰れり」と打電した。やがて宰相として戦時内閣を率いることになったチャーチルは、戦後『大戦回顧録』の筆を執り、続いて天下大乱の前奏曲を奏でた戦間期をも精緻に検証して『第二次世界大戦』を著している。「政治家は歴史に向かって演技する」といわれるが、この書は常の政治家が著す自叙伝から遠く隔たっている。チャーチルは自らを神の視座ともいえる高みに置いて、ベルサイユの勝者たちはなぜ誤ったのかと問い、戦争にいたった道程を冷徹に見渡している。

標題は『第二次世界大戦』なのだが、現代の古典というべきこの書の真髄は、大戦の足音が近づく数年の叙述にある。イギリスとフランスは、敗戦国ドイツがベルサイユ講和体制の軛を脱して、再び軍事強国として復活しつつある現実を眼前にしながら為す術がなかった。いたずらに国際連盟の集団安全保障にすがり、新たな悲劇を招き寄せていった。フランスにクレマンソーなく、イギリスも政争に明け暮れ、欧州の異変に関心を払おうとしなかったと指弾している。

チャーチルという政治指導者の凄みは、宰相として戦争指導にあたった日々にあっただけではない。野に在って祖国の外交を見守っていた日々にこそある。ヒトラーが国際条約を蹂躙して非武装地帯のラインラントに侵攻した時、英仏の政府は毅然としてこの暴挙に臨まなかった。「イギリスは、英仏両政府が共同で対処するにしても、熟慮を重ねた上で行動するためしばし情勢を見守るべきだとフランスに忠告した。嗚呼、退却のために敷かれたベルベットのカーペットよ！」

ここには力の行使をめぐるチャーチルの深い洞察が籠められている。当時のヒトラーのドイツは、いまだ軍備が十分ではなく、英仏が軍事介入を辞さない姿勢を見せれば退却せざるをえなかった。伝家の宝刀を抜く意思を示せなかったことが、悲惨な大戦への道を用意してしまった。チェコのズデーテン分割を認めたミュンヘン会議の宥和に先だって、ラインラント進駐を黙認したこの瞬間こそ勝負の岐かれ目だったと断じている。チャーチルの炯眼だろう。

尖閣諸島をめぐる日本の対応を考える上でこの書には貴重な教訓が含まれている――凡庸を極めたそんな解説は、チャーチル卿に礼を欠くことになろう。新興の大国が力を背景とした外交姿勢をとる時、凜として行動しなければ相手に誤ったシグナルを送ってしまう――そこには普遍的な歴史の教訓が脈打っている。

「野に下った者は、現実の政策を実施しなければならない当局者に較べて、より豊かな想像力を働かせることができ、それゆえ優位に立っている」

第二次大戦の終結を待たずに選挙で宰相の座を追われたチャーチルは、野に在って、独仏連携を基礎としたヨーロッパ合衆国の構想を提唱した。今日のＥＵの隆盛を見れば、その先見性が抜きんでていたことがわかるだろう。平和な時にあって戦いに備え、野に在って国際社会の針路を指し示した畢生の書だと思う。

「問題が解ける」とは、どういう意味か

『科学の方法』中谷宇吉郎（岩波新書）選／鎌田浩毅（京都大学名誉教授・同経営管理大学院客員教授）

私が専門とする地質学には「過去は未来を説く鍵」という言葉がある。何億年も前から堆積した地層を研究することで、今後の何億年間の地球を予測できるからだ。こうした途方もなく未来の話でなくとも、現在世界中で問題となっている地球温暖化を考える上では、過去一万年くらいの気候変動が記録された地層を精査すればよい。地質学者はみな地層という古文書を解読しながら将来を予測しているとも言えよう。

我々の人生に身近な古文書は、「古典」と呼ばれる書物である。昔の人が書き記した文章の中で、歴史の風雪に耐えて残ったものにはそれなりの価値がある。人間が古来より行ってきた英断や愚行から、私たちは多くのことを学ぶことができる。地球の歴史を調べることと古典を読むことは、私にとっては等しく「過去から学ぶ」ことに他ならない。今後の方針を立てるために、古典を繙（ひもと）くに勝るものはないのである。

地質学は科学の論理とディシプリンによって成立している。この世界にも優れた視座を提供する古典が数多く存在する。これまで『座右の古典』（ちくま文庫）と『世界がわかる理系の名著』（文春新書）にも何冊か紹介してきたが、ここでは科学の方法論を解説した『科学の方法』（岩波新書）を挙げよう。

著者の中谷宇吉郎は一九〇〇年に生まれ、東京帝国大学理学部で寺田寅彦から物理学を指導され大きな影響を受けた。のちに低温物理学の世界的研究者となり、長らく北海道大学教授を務めた。雪や雷に関する優れたエッセイも数多く著し、寺田寅彦を正統に師承する科学者とされている。

理系人としては稀有の文才を持つ著者が、科学の本質を分かりやすく語ったのが本書である。彼は最初に科学の限界について述べ、人々が無批判に科学を受け入れることに対して警鐘を鳴らす。「簡単な自然現象でも、科学が取り上げ得ない問題がある。これは科学が無力であるからではなく、科学が取り上げるには、場ちがいの問題なのである」。すなわち、科学者は自然のすべてを解明すると思ったら大間違いで、科学は「自然現象の中から、科学が取り扱い得る面だけを抜き出し」たものに過ぎないのだ。世の中には科学を信仰のように敬ったり、反対に闇雲に恐れる人が少なからずいるが、上記の点さえ弁(わきまえ)れば翻弄されずに済む。

科学は「自然現象を数値であらわして、数学を使って知識を綜合していく」手法を持つ。しかし、数値で表すこと自体、自然を人間の思考形式に当てはめている。たとえば、「数というものは、自然界にはないものである。それは人間が、自然界から抽象して作ったものであって、どちらかといえば、人間の頭の中で作ったもの」なのだ。人間の産物である科学には当然限界があるのだが、科学者はこれを熟知した上で、最小の努力で最大の成果を挙げてゆく。

では、科学の方法論は、今までの常識が通用しない未来を生き抜く上で、どのように役立つのだろうか。それは、科学は常に「解ける問題」に集中してきたことにある、と私は考える。科学者は人類が得た知識を総動員して解ける問題を探し、ここに自らの時間とエネルギーと資金を注入して論文を書く(鎌田浩毅著『知っておきたい地球科学』岩波新書)。

科学者の世界にはパブリッシュ・オア・ペリッシュ(論文を書くか、さもなくば消え去るか)という言葉があるが、解けなかった問題をいくら積み重ねても一編の論文にもならない。確かに私の同僚を見回しても、生き残った研究者はみな「解ける問題」と「解けない問題」を峻別している。科学者は知力を絞って前者だけを扱ってきたのであり、著者は第五章『解ける問題と解けない問題』でも、「問題が解けるということは、どういう意味であるか、という点を、一ぺんはっきりと考えてみる必要がある」と説くのである。

問題が解ける、すなわち「解ける問題」を解くという姿勢は、予測困難な未来に対処する上でたいへん重要であると思う。世の中にはいくらやっても解決できないことに多大のエネルギーを注いでいる人がいる。ところが優れた科学者は「解ける問題」から解いて研究者としての実績を作り、「解けない問題」は後回しにする。政治でも経済でも投入した時間と資金がムダになるような「解けない問題」に拘泥することを、戦略的な科学者は戒めるのだ。ここには「できる仕事から先に片付けよ」というビジネス書に記された方法論と通じるものがある（鎌田浩毅著『成功術　時間の戦略』文春新書）。

私は学生のころ、理学部の大先輩である著者のエッセイに傾倒していたことがある。そのときに出合った本書は、混沌とした青春に埋没している私に鮮烈な印象を与えた。恣意や感情を排して「解ける問題」に集中する姿勢を教えてくれた本書は、私にとって人生の指南書となったのである。

自分なりに死と向き合うために

『イワン・イリッチの死』レフ・トルストイ（米川正夫訳・岩波文庫）

選／**島薗進**（宗教学者・東京大学教授）

人生をともに過ごして来た人たちが去っていく。親や師、世話になった先輩、親しい友人、憧れていた著名人など。となれば次は自分――私のように還暦を超えた者ならそうなる。とはいっても、いざ間もなく死がやって来たときどうすればよいのか。心の準備ができているとはなかなかいいにくい。そんなことでいいのか。死を如実に意識してこそ、充実した今を生きることができるのではないか。

高齢者にはさほどの気構えを要しない問いのようだが、それでも「覚悟を持つ」というところまではなかなかいかない。他方、若年で死に直面した人、死に直面しようとした人が、死をめぐる思考の深淵をのぞかせてくれることもある。そして若い頃から死を身近に感じるような時代相もあり、社会的位置もある。戦争や疫病の流行、軍人・兵士や医療関係者などなど。死に向き合わざるをえなかった人たちから学ぶことは多い。

この種の死生観の古典といえば何か。まずは、現代の平凡な市民の自意識を十分に考慮しながら、死に向き合う道を示してくれた、レフ・トルストイ（一八二八—一九一〇）の『イワン・イリッチの死』をあげたい。長編『戦争と平和』（一八六九年完結）などでも死と向き合う経験を語ってきたトルストイだが、五十歳前後に深刻な危機に落ち込み、キリスト教と格闘し禁欲に向かう。その過程で生み出されたのが一八八四〜八六年のこの作品だ。

主人公、イワン・イリッチは成功した官吏で、仕事と家庭と遊びとを適度に案配して、はた目には幸せそうな人生を送ってきた。「イワン・イリッチの過去の歴史は、ごく単純で平凡だったが、同時にまたきわめて恐ろしいものであった。イワン・イリッチは四十五歳で、中央裁判所の判事として死んだ」（米川正夫訳）とトルストイはその一生を語り始める。「恐ろしい」とはどういう意味か。熟年の作者がはまりこんだ深い心の闇が背後にある。

イワン・イリッチは親と同じく官吏となり、まずまずの仕事ぶりだった。堅実に任務を果たし、法廷では「正当に」人々の運命を左右することもできた。好みの女性と結婚したが、やがて自分の利益は譲らない口うるさい妻であることが分かった。自分自身もそうなのだから似た者同士ということだが、不満はつきない。たくさん生まれた子どもの何人かは死んだが、男女一人ずつの子どもが残った。適度に社交生活も行い、カード遊びも楽しみ、申し分のない一生のようだった。ところが働き盛りのこの人のすべてを狂わせる事態が生じた。横腹の痛みだ。

やがてこの病は死に至る病であると思わざるをえなくなる。

トルストイは主人公の高尚とはいえない心理をありありとえぐり出していく。「心の底ではイワン・イリッチも、こうして自分の死にかけていることを知ってはいたのだが、その考えに馴れることができなかったばかりでなく、ただもうほとほと合点がゆかず、どうしてもはっきり理解することができなかったのである」。何とか眼前から死を遠ざけてくれる目隠しを探そうとするがうまくいかない。家族や仲間は皆、彼の死が近いということを隠す。そのことが耐えがたい。だが、ただ一人下男のゲラーシムだけは真実を恐れず、イワンが必要とすることを分かって行き届いた世話をしてくれる。

ますます孤独なイワンは、やがて死の意味を正面から問わざるをえなくなる。「人生がこんなに無意味で、こんなに穢らわしいものだなんて」。そしてもしそうだとしても「なぜ苦しみながら死ななければならないのだ?」「もしもおれの生活が、意識的生活が、本当にすっかり間違っているとしたらどうだろう?」。答のない問いに苦しみは増すばかり、そして永遠の無が眼前に迫る。しかし、物語の末尾で死の直前のイワンははたと悟る。妻や子どもたちへの感謝の念がわき、許しを求めようとする。また、彼らのために何とかしてあげたいと思う。そのとき彼にとりついていた恐怖がすっと落ちていく。「死とはなんだ? 恐怖はまるでなかった。なぜなら、死がなかったからである」「死の代わりに光があった」。

作者は主人公やその妻の無様な執着を容赦なく描き、最後の最後にその小さな心を救い出す。登場人物への厳しい眼差しには、そこまで冷たく描くかという抵抗感も生じる。また、末尾のどんでん返しもうまくできすぎていて納得いかないかもしれない。だが、死を遠ざけてはかないこの世のあれこれに執着して生きている私たちの日常と、死の真実に向き合わなければならなくなる「その時以後」の日々の対照は見事に描き出されている。この作品が浮彫にする死の意識はたぶんキリスト教と関わりがある。トルストイに強い影響を受けた志賀直哉の「城の崎にて」（一九一七年）をあわせ読むと、もっと日本人の死の意識に即して考えていくことができるだろう。

いかなる場合も真実を尊重せよ！

『実践理性批判』エマニュエル・カント（波多野精一、宮本和吉、篠田英雄訳・岩波文庫）選／**中島義道**（哲学者）

この機会に、西洋倫理学の古典中の古典であるカントの『実践理性批判』を取り上げることにしよう。この書はきわめて有名であり評価も高いのだが、その危険きわまりない思想を知る人は少ない。多くの専門家は、カントのあまりにも峻厳な思想を前に立ちすくんでしまい、せっせと「修正案」をつむぎ出しているのだ。だが、『実践理性批判』は一字も修正する必要はない。そこには、およそ人類が表現しえた最高の真実が書き記されている。ただ、その思想があまりにも卑俗な精神とかけ離れているので、手軽に「善いこと」を望んでいる弛緩した精神の持ち主は恐れおののいてしまうのだ。

カント倫理学の中心思想をひとことで言えば、「いかなる場合も真実を尊重せよ！」ということに尽きる。理性はわれわれにこう命じ、もっぱら（自他の）幸福を求めようとするわれわれを打ちのめす。具体的に述べよう。カントは『人間愛から嘘をつくという誤った権利について』という小論で、次のような事例を挙げている。友人が悪漢に追われ、私の家に駆け込んだ。やがて、悪漢も追いつき、私に「彼はどこにいる？」と尋ねた。このとき、理性は私に命ずる。真実を語ることは義務である、たとえそのことによって友人が殺されようとも。なぜなら友人の生命より真実のほうが価値が高いからである。

以来、少なからぬカント学者がこの「不自然さ」を訂正しようとさまざまな「緩和策」を打ち出したが、私はこのままでいいと思う。これをわずかでも修正するなら、カント倫理学を学ぶ必要はなくそこらの凡百のたるんだ倫理学を学べばいいのである。

カントは、わざとこうした極端な例を持ち出して、われわれが真実をたやすく（自他の）幸福の前に捻じ曲げてしまうことに警告を発しているのだ。身の安全のため、他人を救うため、社会を維持するため、混乱を防ぐため、われわれは膨大な嘘をつく。そして、「仕方なかった」と呟く。実害よりもこうした汚れた精神を叩きのめすことが肝心なのだ。だから、カントは「善意の嘘」を最も嫌う。真実を捻じ曲げながら、正しいことをしたと信じ込み、生命や幸福の前にありとあらゆる真実を足蹴にすることを厭わない「善意の人」が最も道徳的に悪いのだ。踏み絵を踏まなかったら、村民すべてが磔（はりつけ）になっても、踏み絵を踏んではならないのだ。アカであることが知れたら、親も兄弟姉妹も石をぶつけられて村から追放されても、「ころんで」はならないのだ。妻の命があと半年と告げられても、妻に「大丈夫だよ」と嘘をついて励ましてはならないのだ。すなわち、真実がいかに多くの人間を不幸に陥れても、たとえそのために人類が滅んでも、常に真実を語らねばならないのである。

多くの読者諸賢は怪訝な顔をされていると思う。だが、これは哲学書なのである。哲学には真実を求めること以外の目的があるだろうか？　真実は他の何のためでもなく、それが真実だから価値があるのではないだろうか？　もちろん、カントはこうした理性の命令に、ほとんどすべての人が従いえないことも熟知していた。よって、彼は（自他の）幸福のために真実を捻じ曲げることを「根本悪」と呼び、この意味で「最善の人も悪である」と結論づけるのである。

たとえ誰も現に実行できないとしても、課題が高すぎ重すぎるとしても、それは真実だから「正しい」のである。こういう峻厳な倫理思想を現代日本に生きている多くの人に知ってもらいたいと思う。朝から晩までテレビ画面を見ても、新聞を読んでも、学校でも、会社でも、まさにこれと正反対のことがシャーシャーと教えられ語られているのが現代日本だからである。真実をそれ自体として貴重であるとする教育がまるでなされていない、それでいて大人たちは子どもたちに「嘘をつくな」と教える。政治家の嘘に怒り狂いながら、自分は毎日絶え間なく巧みに嘘をつき通している。自分がいかに矛盾だらけであるかを、真実の過酷さを微塵も知らないのだ。

『実践理性批判』は、こうした濁り切った空気が充満する現代日本という風土にカツを入れる書である。本書が、もし「正しく」紹介されたら、至るところからゴーゴーたる非難が湧き起こることであろう。（あの『超訳ニーチェの言葉』のように）ありとあらゆる毒を抜き砂糖をまぶして正体を見せなくすれば、ようやく受け容れられるかもしれないが。

カントは言う。幸福の前に真実を屈服させねば生きていけない。この命題を聞いて人類は二種類に分かれるように思われる。だから、仕方ない、自分は悪くないと居直る人と、だから自分は悪いと責め続ける人とに。あなたは、どちらであろうか？　本書は、われわれの狡賢(ずるがしこ)さを、自己欺瞞の凄まじさを教えてくれるという意味で、真に「これから」を支えてくれる古典である。

「常識」から逸れてこそ新しい展望が開ける

『確実性の終焉』イリヤ・プリゴジン（安孫子誠也、谷口佳津宏訳・みすず書房）
選／**米沢富美子**（物理学者・慶應義塾大学名誉教授）

今の時代は、「これまでの常識の通用しない場面が増えた」とか「先行きは不透明だ」と評されることがある。殆どの場合、だから今は困難な時代なのだ、という負の文脈で言及されることが多い。

しかし、「脱常識」や「不透明」をネガティブにとらえるのは、大間違いである。

そもそも、「従来の常識」は後生大事に守り抜くべき代物では、努努（ゆめゆめ）ない。もしこれまでの常識路線をひたすら歩んでいったら、変革も進歩もない陳腐な未来にしか行き着かない。

それに、先行きが予測不可能で不透明なのは、当然すぎるくらい当然のこと。もし先々まで見通すことができて、何が起こるか見えてしまったら、個人としても社会の一員としても、これほど退屈な人生はない。

したがって、常識では測れない事態が生じたり、先が読めなかったりすることは、憂えたり大騒ぎすべき問題ではなく、むしろ新たな展開への必要条件として祝福すべき状況なのである。フランスの哲学者アンリ・ベルクソン（一八五九—一九四一）も「人間存在は予測不能な新しさの連続的な創造である」と述べている。

こういう事情は、実は科学的にも証明されている。

＊

近代物理学は、十七世紀のニュートン力学から二十世紀の量子力学まで、三世紀の間に目覚しい発展を遂げた。

ニュートン力学は天体の動きを説明し、地上で起こるさまざまな物理現象を解析し予測した。小惑星探査機「はやぶさ」が、光速で片道三十分の距離にある小惑星イトカワまで旅をし、直径三百メートル程度の小さなイトカワに着陸して試料を採取し、再離陸して地球まで戻ってこられたのも、ニュートン力学の知識を駆使したおかげである。

ニュートン力学を体現する方程式の特徴は、まず「決定論的」であることだ。初期条件と相互作用さえ与えられれば、未来に起こることは全て方程式の解が教えてくれる。同じ初期条件と相互作用に対して、別の解がでることはない。

さらに、ニュートン力学に支配される世界では、「過去と未来が対称的」である。方程式に表れる時間変数をプラスにとると、現在から未来までの系の様相が明らかにされる。これに対して、時間変数をマイナスにとると、系の状態を現在から過去に遡って復元することができる。まるでビデオテープを逆送りしたときのような映像が方程式から得られる。

一方、二十世紀に創設された量子力学は、半導体技術を初めとする二十世紀の産業革命を起こし、生活のあらゆる面で人類史に例のない大発展をもたらした。

量子力学も「決定論的」であり、「時間反転対称性」を満たす。量子力学の場合には、解が「存在確率」として幅を持って与えられるが、同じ出発点からは必ず同じ「存在確率」に辿り着く。

こうして近代物理学は、①決定論性　②時間反転対称性で特徴づけられる。

＊

しかし、実際にわれわれが日常体験する多くの現象は、決定論的でもなければ時間反転可能でもない。未来に関しては、明日や来週という近未来でさえ何が起こるか確実にはわからない。ましてや、時計を逆戻しにして人生をやり直すなんてことは、望むべくもない。

時間が過去から未来へと一方向だけに流れる時間的非対称性は、「時間の矢」と表現される。この宇宙の全ての現象は、時間の矢の向きに起こっている。

時間の矢が存在すること、および、ものごとは必ずしも決定論的には起こらないことを理論的に説明したのが、ベルギーの化学者・物理学者であった故イリヤ・プリゴジン（一九一七―二〇〇三）の創始した「散逸構造論」である。

考えている物質系が熱平衡状態にはなくて、ものごとが不可逆に起こっているとき、平衡状態からの逸れの程度がある値に達すると、系の元の状態が不安定になり、新しい安定構造がマクロな大きさで出現する。この構造を「散逸構造」と呼ぶ。エネルギーの散逸を伴う現象なのでこの呼び名がある。この過程は、時間非対称的であり、非決定論的である。

散逸構造は、宇宙や生命など、自然界に現れる現象の多様性を理解する上で重要な手がかりを与える。

*

プリゴジン以前の物理学では、熱平衡状態に関する研究が主流で、平衡からのずれを議論する場合にも、ずれの小さい所だけが対象だった。しかしその範囲では、本質的に異なる状況は生まれなかった。平衡から大きく逸れた所で初めて、散逸構造が可能になるのだ。

本書では、式は使わず、言葉による説明だけで、この理論が丁寧に解き明かされる。新しさへの経路は決定論的記述とは両立し得ないことや、完全に予測可能な世界だったら生命は生まれなかったことなどが、納得できる。

常識を破ってこそ手にできるものは、現実の延長よりはるかに豊富であることが、実感として理解できる。われわれが二十一世紀を生きていく上での確かな指針を与えてくれるこの本は、二十世紀からの贈り物だと思う。

時代を映し出す鏡

『遠野物語』柳田国男（角川ソフィア文庫）　選／赤坂憲雄（民俗学者・福島県立博物館館長）

思えば、あたり前だが、すべての書物が古典となるわけではない。むしろ、わずかな選ばれた書物だけが、いつしか古典と呼ばれるようになる。ふと、妄想めいた思いつきが生まれる。たとえば、時代とともに年齢（とし）を取れる書物だけが、古典の名に値するのかもしれない、と。ほとんどの書物は誕生の瞬間に、成熟も老いも知らずに死んでゆくのではないか。残酷なことだ。『遠野物語』はやがて百一歳を迎える。すでにして、古典の匂いを漂わせている。しかし、それはいまだ若い古典である。読み尽くされていない、余白がいくらでもある、いまも読み直すたびにあらたな発見がある。生まれてすぐに死ぬことなく、それはゆるやかに成熟の日々を重ねてきた。何人かの、たいせつな読み手との出会いがあった。幸福なことだ。そして、『遠野物語』はいつしか古典の顔を帯びるようになった。

それにしても、『遠野物語』はたぶん、われわれの実生活にはほとんど役に立たない。そこに収められた百十九話の短い物語の群れは、なにひとつ教訓めいたことを語らないのである。オチがない、わけがわからない、とりとめがない。いつも、言いさしにして、ぷつんと途切れてしまう。だから、だれかを説教するのに、『遠野物語』を持ち出すことはできない。あるいは、『源氏物語』のように、恋やセックスの駆け引きやら技法やらを学ぶ、そんな実践的な役にも立ちそうにない。ここには、夜這い譚ひとつないのだから。

たとえば、第一一話などはどうだろう。嫁と姑のいさかいに心を痛め、ついに錯乱状態となり、母親を草刈り鎌で切り殺した男の話である。これをネタにしては、親孝行を説くことはできないし、親不孝をなじることもできない。なにしろ、この尊属殺人事件の結末は、「狂人なりとて放免せられて家に帰り、今も生きて里にあり」なのだ。母殺しが狂気をもって免罪されている、ということか。いずれにせよ、これは教育勅語的なモラルからははるかに遠い話なのである。

とはいえ、あの母親は滝のように血を流しながら、「おのれは恨(うらみ)も抱かずに死ぬるなれば、

孫四郎は宥したまわれ」と叫んだのではなかったか。死のきわにあって、究極的ともいってい
い慈愛の母親像が演じられたのである。マザー・コンプレックスの人であった柳田国男その人
は、そのように無意識の誘導を仕掛けていたのかもしれない。たしかに、そのように読まれて
きた形跡もある。

ところで、ある研究会の席で、ひとりのユング派の臨床心理士がこう語るのを聞いたときの驚きは忘れられない。――こんな言葉を投げつけられたら、息子は命懸けで母親から離脱しようとしたのに、もはや死ぬまで母親の呪縛から逃れられませんね、狂気を身にまとい続けるしかない、臨床の現場にはよく転がっている言葉なんです、と。わたしの読みは一変してしまった。母親こそが、息子に母殺しを迫った、息子を嫁に奪われないために、みずからの命をあがないにして慈愛の母の物語を演じきったのかもしれない。このとき、『遠野物語』は家族という絆の秘める謎を凝縮させた、一篇の神話的な物語に姿を変じて、わたしの前に立ち現われてきたのである。

『遠野物語』が時代を超える力をどれほどに宿しているのか、わたしには判断がつかない。これからの百年をどのように生き延びてゆくのか、かすかな予感はあれ、たしかに語ることなどできはしない。それはしかし、それぞれの時代を映し出す鏡のような役割ならば果たせるし、実際にも果たしてきた。おそらく、われわれの時代こそが『遠野物語』の第一一話を、母によ

る慈愛の物語から呪縛の物語へと転換させ、脱皮させたのである。ある書物が年齢を取るというのは、そういうことだ。古典はあらたな読み手の出現とともに成熟を遂げるのである。

そもそも物語は妖しい。起源からして、モノ（物・物の怪・霊）がカタル（語る・騙る）というのだから、いかにもいかがわしい。物語はいつだって、多様な解釈に向けて開かれている。だから、時代や人間(ひと)を映す鏡ともなる。われわれはみな、そこに己れの似姿を見いだして、恐れおののき、歓びに震える。物語から知恵を汲みだすのは、われわれ自身であることを忘れてはならない。

ともあれ、『遠野物語』はひとつの逆説として、寡黙こそがときに、人間や世界の秘密に触れるための仕掛けであることを教えてくれる。言葉が尽きる地点から、見えない、もうひとつの物語が幕を開けるのである。

死は自然の働きだ。静かに受けいれよ

『自省録』マルクス・アウレーリウス（神谷美恵子訳・岩波文庫）

選／**大井玄**（医師・東京大学名誉教授）

私も四分の三世紀を生きてきた。その間、私の目に映る世には四つの変化が起こった。

第一に、地球は恐ろしいほどの速度で縮小した。今では人間が排出する炭酸ガスのため、地球全体が温暖化すると騒がれている。人間以外の動植物も加速度的に滅び、生態系も崩壊しつつある。地球は傷だらけの、ちっぽけな、完全な「閉鎖系」になってしまった。旧約聖書は、人間に自然の万物に超越する地位を与えたが、今や自然は、それが幻想にすぎなかった事実を突き付けている。

第二に、日本は島国の地理的性格を明確に顕わすようになり、政治的にはアメリカという強国のほとんど保護下に入ってしまった。アメリカは、いまだ「開放系」の意識が強く、地球が一万年ほど前に神によって創造されたと信じる者が人口の半数に近い国である。日本人は、敗戦のあと、閉鎖系生存に適した伝統的価値観を放棄し、固有の文化が急速に消えつつあるようだ。

第三に、平和と経済繁栄のおかげで、自然が用意する飢えのような不快な生存刺激もなくなり、日本の子供はゲームのような現実感のない世界に放り出され、孤立した不安な大人になっている。死は、医療と病院により隔離され、その分だけ恐ろしさが増している。

最後に、私個人としては人生の終末を歩みつつあり、身体的衰えが著しくなった。しかし人の怖れる老境が、刺激と解放感にあふれた世界であると知ったのは、予期せぬ幸福だった。さよう、かつての常識はもはや通用しない。

古典には、読むたびに新しい発見がある。それはほかでもない、読者は、意識していないかもしれないが、それまでの人生経験とそこから得られた学びという記憶に基づき、全身全霊をもって読むからである。

マルクス・アウレーリウスは、二世紀、周囲に権謀術数渦巻くローマ皇帝の地位にあって、地位も名誉も富も人生を生きていくために何のよりどころにもならないことを知っていた。彼の『自省録』（神谷美恵子訳）を、私は若い時から何度読み返したことだろう。

若い傷つきやすい年齢では、次のような文言にしびれた。

もっとも手ぢかな座右の銘のうちにつぎの二つのものを用意するがよい。その一つは、事物は魂に触れることなく外側に静かに立って居り、わずらわしいのはただ内心の主観からくるものにすぎないということ。もう一つは、すべて君の見るところのものは瞬く間に変化して存在しなくなるであろうということ。そしてすでにどれだけ多くの変化を君自身見とどけたことか、日夜これに思いをひそめよ。

無常迅速。私が諸縁により現象している時間も残り少なくなった。諸法無我はすべてが関係性によって現象していることを述べるが、私が現象するために必要だった無数の生と死、それをつなぐ力を感じるのは幸せな感覚である。彼は死についてもよく語っている。

死を軽蔑するな。これもまた自然の欲するものの一つであるから歓迎せよ。たとえば若いこと、年取ること、成長すること、成熟すること、歯やひげや白髪の生えること、受胎すること、妊娠すること、出産すること、その他すべて君の人生のさまざまな季節のもたらす自然の働きのごとく、分解することもまた同様の現象なのである。したがってこのことをよく考えぬいた人間にふさわしい態度は、死にたいして無関心であるのでもなく、烈(はげ)しい気持をいだくのでもなく、侮蔑するのでもなく、自然の働きの一つとしてこれを待つことである。

アウレーリウスの晩年、ゲルマン民族の侵入が始まり、彼は戦陣の中にその生涯を終える。遺言を告げたあと、最後の四日間は食事も薬も拒否して死んだ。高齢者を看取る医師として、私は、食事も水も取らないで死ぬのは穏やかな往生であることを知っている。

　私たちは、彼の哲学がストア派の悲観的な色彩にのみそまっていると勘違いしてはならない。彼においては、生きるためには、死ぬことをも視野に常に入れておく必要があったのだ。それは、死ぬことを勘定に入れているからこそ、生きることに価値と味わいが生じるのと同様である。いわば生は、死という補色があってこそ、その全貌が現れるのである。生をのみ見つめ求めようとしても、生はその姿を豊かに明示することはない。今の日本人に欠けているのは、まさにこの視点なのである。だが、今の日本の医療は、自然な「老衰死」をさえ認めない。

その「非攻」の説は二千四百年の時を越える

『墨子』（藪内清訳注・東洋文庫）選／**半藤一利**（作家）

チャップリンの名画「殺人狂時代」に、のちに映画そのものをはなれて、有名になったセリフがある。主人公ヴェルドー氏が最期にのぞんではいた言葉である。
「わたしは生活のために七人も女を殺して、殺人罪で裁かれている。しかし、戦争で百万人もの人を殺した者は、殺人罪にならない。それどころか、勲章をもらい英雄になる。なぜなんでしょうか」

まことに然り。昭和二十年八月のヒロシマ、ナガサキをもちだすまでもない。その前の三月十日の東京下町への無差別爆撃作戦をたてて、一夜にして十万人以上を殺戮した指揮官カーチス・ルメイ少将（当時）は、昭和三十九年十二月、勲一等の旭日大綬章をもらって〝英雄〟となっている。もちろん、授与したのはときの日本政府である。

ところで、この戦争の非条理・不合理について、人類はじまっていらい、いちばん最初に厳しく告発したのが墨子という古代中国の思想家。

普遍的人類愛を説き、そこに発して国際的徹底平和主義、つまり何があろうとも非戦論を貫こうと、その実行のために東奔西走したまことに痛快な思想家である。名は翟（てき）という。孔子と同じ魯の国の生まれ、とされる。ただし、孔子より一世紀あとの紀元前五世紀後半ごろに活躍した。世にいう古代中国の戦国時代、二千四百年も前の人物ということになる。『墨子』十五巻七十一篇が残されたとされているが、現存するのは五十三篇。ここには「子墨子曰」とか「子墨子言曰」とかの語がやたらにでてくるから、墨子その人が書いたものではない。『論語』が弟子たちによって書かれた孔子の言行録であるように、『墨子』もまた墨子の弟子たちによって記録されたものであろう。

いま、わたくしがとくに愛読するのは、そのうちの第五巻「非攻」篇（上中下）である。といって、上中下をここに書くわけにはいかない。簡略にその説くところをたどりつつ、せめて上篇の肝腎かなめの一節にここでは迫りたいと思う。

他人の馬や牛を強奪したらそれは許されざる不義の行為である。では、もし罪のない人を殺して金品を剝ぎ取ったとしたら、どうか。その罪は馬や牛を盗むことより問題にならぬくらい大きい。殺人行為は不義の最たるものである。これにたいしては重罪を科せねばならない。

と、論じてきて、さらに墨子はいう。

「ところが、いま大いに不義をなし他国を侵略するに至りては、すなわち非とするを知らず、従ってこれを誉め、これを義という。これ義と不義との別を知るというべきか」

すなわち、いまの戦乱の世の中、他国を侵略することを不義として非難することなく、それどころか名誉なことと称賛し、侵略主義を義とみなしてさえいるではないか。こういう連中は、真に義と不義との区別をわきまえているのであろうか。いや、まったくわきまえておらん。

こんな風に、墨子の論は明快であり、論理的である。そしてこのあとに、チャップリンが学んだに違いないと思われる「非攻」篇の根本の論が展開される。

「一人を殺さばこれを不義といい、必ず一の死罪あらん。もしこの説をもって往かば、十人を殺さば不義を十重し、必ず十の死罪あらん。百人を殺さば不義を百重し、必ず百の死罪あらん。かくのごときは、天下の君子みな知りてこれを非とし、これを不義という。いま大いに不義をなし他国を攻むるに至りては、則ち非とするを知らず、従ってこれを誉め、これを義という。まことにその不義を知らざるなり。故にその言を書してもって後世に遺す。もしその不義を知らば、それなんの説ありてその不義を書してもって後世に遺さんや」

この終りのところに我流の拡大解釈を加えれば、世の馬鹿どもは侵略行為が義に反することをわきまえておらんから、戦争の正義やら華々しさをフィクショナルにガナリたて書きたてて、後世に遺そうとするのである、という意になる。

断わるまでもないと思うが、墨子は、あに侵略戦争のみならんや、骨の髄から戦争そのものを嫌ったのである。いかなる戦争にも正義はない、と説きに説いた。戦争をなくそうと主張した。しかし残念なことに戦乱がたえず起こる凶悪きわまりない世であったのである。知的には理解できるとしても、所詮は達すべからざる理想、夢物語、空想と諦めた人びとが圧倒的であったにちがいない。それが人間の情というもの。しかし、墨子はそうは考えない。戦争をなくさなければ、この世は滅びると確信する。であるから、墨子をはじめ門下のものたちは汗まみれ泥まみれになって非戦・反戦のため奮闘努力したのである。

念のために書いておくが、二千四百年前の話とのみ思って、いまわたくしは書いているのではない。今日の日本のこと、人類の将来のことをわたくしは語っているのである。この戦争の絶えることのない現代世界にあって、非戦を説きつづけることは、つまりは夢みたいな理想をただ語っているにすぎないのか、と疑問を呈しているのである。核兵器廃絶の道以外に人類の明日はないのである。本気でそう考えなければならない。いまこそ『墨子』を読め、とすすめるゆえんである。

第四章　わが心の書23冊

『杜甫一〇〇選』石川忠久（NHK出版）　選／堺屋太一（作家・経済評論家）

史書や経済学書で繰り返し読む本はいくつかあるが、「心の書」となればこの一冊、『杜甫一〇〇選』を挙げたい。定価九七〇円＋税、重量二二〇グラムほどの手軽さも好ましい。

内容は石川忠久氏の短い解説で杜甫の代表作が制作年代順に並べてある。

上段に原文、下段に読み下しの日本語訳、そのあとに現代語での訳文が付いている。

私はまず、原文を睨んで漢字の形状を味わい、次いで読み下し文を音読する。それから現代文の訳を読んでもう一度原文を眺める。

こうすると、何となく詩作の情景が脳裡に浮かび、それを題材にした短編小説か評論が書けそうな気になる。英語やフランス語の詩の日本語訳では、滅多に生じない感覚である。日本語訳を漢文読み下しにした先人達の知恵と努力には敬服する。

日本人が、幕末明治に欧米の学術用語や経済経営の術語を、ことごとく雰囲気の伝わる漢字に換えたのも、漢文の意味を伝える努力をした伝統のせいだろう。

この流れは一九七〇年代まで続き、国際機関の名称や映画の題名にも名作があった。ところが、八〇年代からはそれが衰え、国際機関や経済用語にはローマ字を連ねた略号が増え、映画の題名は原文カタカナ書きが多くなった。先人の知恵を捨てた知的怠慢といわざるを得ない。青少年にも、漢文の日本語訳読み下しの美しさを味わってもらいたい。

さて、漢詩の名作は数多いが、私の好きなのはやっぱり杜甫だ。

杜甫は、李白と並ぶ中国詩界の巨星だが、生れ育ちも、性格も、詩作の風も正反対だ。

李白は裕福な交易商人の子として西域（今のキルギス共和国）で七〇一年に生れ七六二年に安徽省で没した。性格は楽天的で神仙の道に憧れ、作風は即興を巧みとし、表現は華麗である。それ故「詩仙」とも呼ばれる。

杜甫は官僚の家系に中原（河南省洛陽近く）で七一二年に生れ、流浪の末に七七〇年湖南省の長沙近くで死んだ。日本でいえば奈良時代の人物である。

性格は生真面目で官僚として栄進することを望み続けて果さず、乱世を嘆いて苦しむ。作風は推敲を重ねて重く、人間心理の深みを穿（うが）って妙がある。社会と人生を見つめた杜甫には「詩聖」の名が与えられている。

ところが、「詩聖」の名から受ける印象とは逆に、杜甫の人生は実に俗っぽい。本人の詩文で見ると、少年時代から天才といわれ、十歳代から文人仲間に加わった。ところが、二四歳の時に洛陽に戻って受けた進士の試験で落第、以後十余年間様々に運動するが望みは叶えられなかった。この間、三三〜四歳の時に李白や高適と共に呉越を旅したこともあるが、官途に採用されようとして高官を持ち上げる詩を献じたりしている。三六歳の時には一芸に秀でた者を採用する試験を受けたが、この年は採用者なしと決してまた落第する。

杜甫がようやく官途に就いたのは四〇歳、当時としては初老といえるほどの年齢だ。しかも地位は集賢院の待制（補欠）、いわば係長心得である。それでも杜甫は宮仕えの身を自慢する作詩をしている。何と可愛い下級公務員だろうか。

杜甫が官途に就いたのも束の間、四年後には安禄山の乱が起り、玄宗皇帝は出奔譲位、楊貴妃は殺される。杜甫は叛乱軍に捕えられて一時幽閉された。「国破山河在」と詠んだのはそんな頃だ。

杜甫はあくまでも唐朝に忠実で、長安を脱出して地方で即位した粛宗の下に走る。この忠誠が認められて課長待遇の職を与えられたが、剛直な諫言で左遷され、自棄っぱちになる。七〇歳を古稀と呼ぶ語源となる詩「曲江」は、「どうせ七〇までは生きられないのだから、今のうちに借金してでも大いに楽しもう」という主旨のものだ。

杜甫の人生は、凡夫の望みを持ちながらも挫折続き、四八歳にして貧窮のあまり蜀（四川省）の成都に移り、寺院に草堂を設けるが、定期収入もなかったらしく、高適らの詩友に援助を求めている。だが、この挫折が杜甫の社会と人間に対する観察を深め、詩句は深みを加えて行く。

杜甫は最後の五年間を長江周辺を彷徨（さまよ）いながら暮らした。その頃には花や緑を詠んだ明るい詩句が多い。だがその中には乱世の悲しさ、人生の苦しみが巧みに語られている。

杜甫ほどの大詩人が世俗的な欲望を持った凡人であり、それでいて生活者としては挫折続きの失敗者だったというのは、私のような凡人には何となく慰めになる。

『暗号名イントレピッド』ウィリアム・スティーヴンスン（寺村誠一、赤羽龍夫訳・ハヤカワ文庫）　選／**中西輝政**（京都大学教授）

原書：William Stevenson, *A Man Called Intrepid*, London, Macmillan, 1976

上記の標題を見られた諸兄の中には、あれ、スパイ小説のたぐいか？　と首をかしげられる向きがあるかもしれない。或いは「中西も今月は書評の種も尽きて、ごく軽い読み物の紹介ですますつもりか」と推測されるかもしれない。ところが実は正反対で、率直に言ってこの評にはかなりの時間と労力を割いたつもりである。この一〜二年、私自身個人的に秘密情報問題についてはいろいろな角度から研究対象として検討してきた訳であるが、その結果、この問題は学問的にきわめて真面目な研究分野として人びとの注意を喚起する必要がある、という結論に達しているからである。そこで本欄においては秘密情報活動研究の上できわめて重要な二次資料と思われる本書を紹介しつつ、併せて他の重要な事実や、小生なりに人々の注意が向けられるべきだと思われる諸問題について論じてみたい。

右の文章は、今からちょうど三十年前、『国際関係研究雑誌』と称した、ある小さな学者グループのニュースレターに私自身が書いた文章である（同誌第四・五号、一九七九年一月刊）。「わが心の書」を一冊取り上げて書け、と言われたので、はじめはごくありきたりに思想書や文学作品の古典などを思い描いて、はてどれにしようか、と一応の思案をしてはみた。しかし、それがいつの間にか、「わが心残りの書」を探そうとしていた。それには、齢六十を過ぎ、現在奉職する大学も、とうとうあと二年で定年退官を迎える、という事情もあったのかもしれない。ちょうど折り返しとなる三十年前に書いた書評を思い出した、というわけである。

今日でこそ、「インテリジェンス」という言葉が、ようやく日本の読書界でも一応の市民権を持つようになったが、それでも、いまだに「スパイ小説のたぐい」という響きは残っている。それが証拠に、先日、本書『暗号名イントレピッド』をインターネットの「アマゾン・ドットコム」で検索すると、ハヤカワ文庫版（一九八五年刊）の古書には、上下巻にそれぞれ五九円から三四八円までの値がついていた。五四〇ページになんなんとする初版のハードカバーも、何と三五五円ということだ（昭和五十三年に刊行されたときの価格は二三〇〇円だった！）。しかし、なぜそんなことを嘆いてみせるのか。

日本人はいまだに、あの第二次世界大戦のことを論じ続けている。しかも、大変に熱っぽく。実は昭和二十二年生まれの私も、今のような国際関係を専攻する学者になった大きな動機は、やはり「あの大戦」についてもっと深く知りたい、ということであった。本書の原書が刊行されたとき、私はちょうどイギリスに留学しており、発売と同時にケンブリッジの書店で買って読んだ。そして、それまで思い描いていた私の中の「第二次大戦像」は一変したのである。

今日、欧米の多くの大学に設けられているインテリジェンス専攻の学部や学科で、本書は新入生向けの基本図書の一つとなっている。なぜなら、訳書の副題にある通り「第二次世界大戦の陰の主役」を描いた重要な文献として、当初は細かな批判もあったが、今では学問的に広く受け入れられているからである。しかし日本での評価は、さきに見た古書の値段が雄弁に物語っている。ちなみに昭和戦争史を描いた、私に言わせれば今では紙クズのような古い資料が、いまだにその百倍を超す価格で取引されているのをどう考えればよいのか。

これは書評ではないので、あえてその内容については触れないが、本書は第二次大戦中、アメリカのニューヨークに本部があった英国情報機関「BSC」の秘密活動を描いたもので、日米開戦の経緯をはじめ第二次大戦の帰趨を決した歴史（もはや〝歴史の裏面〟ではない）の局面を明らかにしている。いまやBSC研究は、日米開戦史に不可欠の分野となっており、つい最近も西木正明氏の「日米開戦――日本を破滅に追い込んだスパイ」（『文藝春秋』二〇〇九年一月号所収）など、BSC研究の成果を反映したすぐれた著作が世に問われた。そして、「インテリジェンス」を抜きにして日本とあの戦争を論じることは不可能だと教えてくれた本の一つがこの書だった。

なぜそれが「心残りの書」となったのか。冒頭の書評を書いた頃、私はイギリスから帰国した直後で、国際政治研究の重要な研究テーマとして「インテリジェンス史」をやろうと決心していた。七〇年代の欧米で一気に盛んになったこの分野の研究の重要性に、気づいていたからである。しかし、四百字詰原稿用紙で百数十枚に及ぶ上記の書評を読んだ周囲の研究者からは、「暇があっていいね」という感想をぶつけられ、ある碩学には、「君、インテリジェンス問題など扱うと、キワモノ学者にされて、どこの大学にも就職できませんよ」と忠告された。何と言っても、職は食に通じる。そこで私は、秘かに勉強は続けたが、公表のための著作はやむなくヨーロッパ外交史や大英帝国史、日米関係や安全保障論など、この国で「需要のある学問」に向うことにした。

当時、中曾根康弘氏が首相になって、日本では盛んに「国際化」が唱えられ、国際関係を専攻する学者が爆発的に増えた（おかげで私も食にありつけた）。しかし、あれからほぼ三十年になるが、世の中も学問も、一体これで本当に国際化したといえるのか。以前東京に来ていたカナダ人のある学者が、「国際情勢の本当の動きを知るには金融と核兵器とインテリジェンスの三つの知識が大切と思うが、日本ではどれも教える人がいませんね」と、こっそり語っていた。「リーマン・ショック」にも「六者協議」にも、そして（CIAなどではなく）BSCにも、この国の知性はついぞ切実な関心を向けることなく通り過ぎている。何も知らないからだ。

せめて三十年前、今よりずっと元気だった頃に、歴史に翻弄されるこの国の宿痾（しゅくあ）の一つが「インテリジェンス」だということを若い世代の日本人に伝える努力を、少しはしておくべきだった。私にとって、その苦い思いのこもった「心残りの書」、それがこの本である。

『なぜ私は生きているか』ヨゼフ・ルクル・フロマートカ（佐藤優訳・新教出版社）　選／佐藤優（作家・起訴休職外務事務官）

「わが心の書」を一冊だけあげよということならば、チェコの神学者ヨゼフ・ルクル・フロマートカ（一八八九—一九六九）の自伝『なぜ私は生きているか』（拙訳、新教出版社、一九九七年、現在はオンデマンド版）をあげる。

私がフロマートカの著作と出会ったのは、同志社大学神学部二回生、一九八〇年五月のことであった。その頃、私はキリスト教とマルクス主義の関係に関心をもって、今出川キャンパスにある神学館二階の神学研究室（図書室）にこもって、初期マルクスの『経済学・哲学草稿』、『ドイツ・イデオロギー』やカール・バルト、フリードリヒ・ゴーガルテン、ディートリヒ・ボンヘファーなどの著作を読みあさっていた。あるとき神学研究室から出たときに旧約聖書神学を担当する野本真也神学部教授（元学校法人同志社理事長）とすれ違った際に二〜三分、立ち話をした。そのとき野本先生から、「佐藤君は、ロマドカ（フロマートカ）を読んだことがありますか」と尋ねられた。私ははじめて聞く名前だったので、「読んだことはありません。さっそく読んでみます」と答えた。

そのときから私はこのチェコ人神学者の知的引力圏から抜け出せなくなってしまう。もう三十年になる。神学部図書室には、ドイツ語、英語で書かれたフロマートカの神学書が六〜七冊あった。それ以外にもわら半紙にガリ版で刷られたドイツ語の「チェコスロバキアからのエキュメニカル（教会一致運動）に関する情報」という資料があった。これらの資料を読んでいるうちに、無神論を国是とする社会主義国において、人間の生き死にと直接かかわる魅力的な神学が営まれていることを知った。

フロマートカは、二十世紀で最良の知性をもった神学者だ。フロマートカは、反ファッショ運動に積極的に参加したため、一九三九年にナチス・ドイツがチェコスロバキアを占領した際に米国に亡命し、プリンストン神学校で教鞭をとった。

〈私は旧勢力の崩壊、植民地体制終焉の開始、国連における協力という初の試みを目のあたりにした。しかし、私はあたかもバルコニーの上で暮らしていた。すなわち恐れながら、大火事と最終的な勝利を観察し、記録し、その間一生懸命に暮らしていた。その時期に、チェコスロヴァキア国民はヒトラーの圧政の下で、個人的、国家的な大きな危険を負い、分断され、抑圧された。しかし、まさにそれゆえに、かつてない抵抗運動が盛り上がったのである。私と私の兄弟姉妹の状況の相違は、思考様式、感情、現在と将来の人類社会観に関して深い見解の相違を残したのである。私の親友、同僚の幾人かは死刑台もしくは強制収容所で死んだ。これは解決されなくてはならない異なった実存的体験の問題である。〉（『なぜ私は生きているか』八十八〜八十九頁）

フロマートカは、米国でナチスに対して闘争を展開しているつもりだった。しかし、突き放して見るならば、それは「バルコニーの上から」歴史を見ていただけだった。祖国の同胞と苦難を共有しなかったことをフロマートカは神学的に整理した。そして、「フィールドはこの世界である（ポレ・エ・テント・スヴェート、Pole je tento svět.）」という結論に至った。フロマートカは社会主義化したチェコスロバキアに帰国した。東西冷戦時代、西側の教会は「フロマートカは、共産主義者に迎合した裏切者である」と批判した。フロマートカは「鉄のカーテン」の中で、「人間とは何か」というテーマでマルクス主義者と対話を始めた。その結果が、「人間の顔をした社会主義」という「プラハの春」の思想をつくりだしたのである。時代がおかしな方向に進んでいるとき、自分だけが局外にいて、正論を主張することはキリスト教的でないとフロマートカは考えた。国家や民族が誤った道を進むときは、神学者もいっしょにその道を歩み、内側から軌道修正を図るべきとフロマートカは考えた。フロマートカは、ソ連軍の介入に断固抗議したので、チェコやソ連、東ドイツでは政治犯と見なされるようになった。「プラハの春」が潰された半年後にフロマートカは自伝『なぜ私は生きているか』をチェコ語で刊行した。この時期ならばまだキリスト教系出版社が当局の検閲をうまくくぐりぬける可能性が残っていた。

外交官になって、ロシア語を勉強するために一九八六年に英国に赴任した。ロンドンの古本屋で、チェコ語で書かれたフロマートカの著作を十数冊入手した。その中にこの自伝があった。その内容を多くの人に伝えたいと思い、翻訳した。現役外交官時代の一九九七年に上梓した。書評はいくつかでたが、売れなかった。私が「鬼の特捜」(東京地方検察庁特別捜査部)に逮捕された体験を記した『国家の罠　外務省のラスプーチンと呼ばれて』(新潮社、二〇〇五年)刊行後、それほど時間をおかずして、フロマートカ自伝の在庫がはけてしまったという。フロマートカの思想が日本で少しでも知られるようになったことも、私を巡る国策捜査がもたらした肯定的成果と思う。

『語られざる真実』菅季治（筑摩書房・絶版）選／澤地久枝（作家）

昭和二十五（一九五〇）年八月五日刊行の『語られざる真実』（筑摩書房刊・百六十円）は、哲学徒菅季治（かんすえはる）の遺稿集である。

当時、わたしは働きながら早稲田大学の一年に在学、六月の朝鮮戦争勃発、秋にかけての学生運動の激しい波のなかで、「社会への開眼」の手荒い洗礼を受けていた。それまで逃げていた政治とのかかわりあいがいやでも迫ってくる。はじめて過ぎた日の戦争と向き合って、わたしの戦後ははじまろうとしていた。反戦学生同盟にさそわれ、どう生きるか、答を出すべくもがいていた。そしてこの本に出会った。

「五二年一月三十一日購入、二月十日夜読了」とペン書きがある。わたしは二十一歳だった。その後、繰返して読み、そのつど書きこみと赤鉛筆の傍線がふえている。

菅季治は一九一七年に北海道の北見に生まれ、東京高等師範、文理科大学、京都帝大大学院に学び、哲学を専攻した。田中美知太郎の教え子である。

繰上げ卒業により四三年十一月軍隊に召集され、北千島での勤務をへて、命じられて幹部候補生になり、満州（中国東北部）の部隊に配属になる。四五年八月、ソ連参戦のあと、部隊は奉天（瀋陽）に移動させられ、そこで敗戦。ソ連軍による武装解除を受けた。

敗戦後、六十万人をこす日本人俘虜の一人として、シベリア抑留を経験している。ロシア語を解する人間はほとんどいない。菅季治は非常な努力で片言のロシア語をおぼえ、日露、露日辞典を手づくりもした。その語学力のレベルは、帰国後の短い時間に彼が書いた文章が示している。

俘虜生活のはじまりは、長い道のりを延々と歩くことだった。「途中で停止して用を足すこともしなければならなかつた。わたしは恥を忍んで護送兵に、小便の身振りを示した」

行きついたのはカザフ共和国のカラガンダで、菅季治は通訳として過す。そのさきに、受難とよびたい事態が待ちかまえていた。

思想傾向を疑われて帰国が先送りになり、各地を転々とした俘虜の一団が、帰国時の通過地点としてカラガンダに来る。ソ連軍将校の訓示中に、日本共産党の徳田球一書記長により、「党の名において思想教育を徹底し、共産主義者に非ざれば帰国せしめぬこと」の要請ありとの発言があったとして、一団代表は帰国直後の五〇年二月、国会へ責任追及の要請書を提出した。

共産党非合法化前夜、政治の季節だった。

四九年十二月に故郷のわが家へ帰りついた菅は、哲学を学び直すべく上京していた。俘虜収容所の通訳がもっとも高い証言性をもつ人間として、衆参両院で問題になっていることを新聞で知ると、自分から名乗って出た。

問題の焦点はロシア語の「ナデェェツア」、これを菅は「期待する」と訳したと証言し、「要請する」には他のロシア語があると冷静に丁寧に「事実」を説明した。しかし、この問題を日本共産党への痛打にすることしか考えない委員たちは菅証言を無視、彼は容赦ない攻撃にさらされた。国会議事録には、孤独な哲学青年がサンドバッグのように打ちすえられる模様が残っている。ロシア語専門学校出身という調査員が、宣誓もせずに菅季治のロシア語解釈を正面から否定する「たくらみ」もあった。すべては政治によって味つけされ、「事実」の証言はケシ粒ほどの重さも持たない。

徳田要請問題は「事件」になり、政治は菅季治をゆさぶり、追いつめる。「人間狩り」さながらに。「わたしにさわらないで下さい。わたしをほつたらかしておいて下さい」と日記に書き、ちぢこまってふるえている青年は、人々の前にひきすえられ、さらされた。

どちらか一方の側に身をおけば、孤独地獄に落ちることなく、容易に生きのびることはできた。だが、菅季治は彼が知るかぎりの「事実」の変更を認めない。そして、五〇年四月六日、鉄道自殺する。三十二歳。ポケットには岩波文庫の『ソクラテスの弁明』他があった。両親や友人にあてた遺書は、「人類バンザイ！　真理バンザイ！　と言いながら、死のう」と結ばれていた。

彼の遺稿には、シベリア抑留中にソ連市民が示したごく人間的なふるまい、好意が書かれている。日本軍将校が部下の兵士に加えた卑劣で残忍な仕打ちや、若い兵士が事故死の間際に言った「おかあさん、おかあさん。にんむをはたしました」も書いてある。

軍人となる資質を欠いていた哲学青年は、軍隊生活にあって、兵士の境遇を思って泣く人でもあった。不合理をまっすぐに不合理と考え、それをかくさない人でもあった。

この一冊の本からわたしはカラガンダへも行き、『私のシベリア物語』（八八年刊・新潮社）を書いた。北見で彼の兄弟と会い、弟の忠雄が終生、兄の死を防げなかったことで己れを責めていたことも知った。それから二十年余が過ぎている。

たとえ孤立し嘲笑されても、己れの信じるところに誠実に正直でありたい、と思う。わたしの心の底の底に、菅季治はいる。

『ニイルス・リイネ』イェンス・ペーター・ヤコブセン（山室静訳・青娥書房）

選／中井久夫（元神戸大学名誉教授・精神科医）

著者はイェンス・ペーター・ヤコブセン（一八四七―一八八五）、デンマルクの植物学者であるが、結核を病み、ヨーロッパ各地を転地療養し、一八七三年、二十六歳でダーウィンの『種の起源』などをデンマルク語に翻訳し、以後は文学に専念し、三十八歳で世を去る。『ニイルス・リイネ』と『マリー・グルッベ夫人』という二つの長篇の他は数篇の短篇と若干の詩しか残さなかった。私が中学二、三年に手にしたのは本篇だけの一冊本で、表題は通俗的な『死と愛』であった。

当時から、原文はどんなに美しいだろうかと想像させる力があった。読めるわけもないのに入手に努めて、成功したのは何と六十年後で、デンマルク王立図書館から電子的にプリントアウトできることを知った方のご好意による。

このたび読み直して、若い私に訴えたのは朗誦に堪える邦訳の言葉のよさも大きいと改めて感じた。訳者の山室氏は詩人であって、後に北欧文学研究家になる。私も当時は北欧の文学と歴史に熱中していた一時期にあった。

これは自伝的な心理小説である。心理の叙述は、自然描写に劣らず精彩があり、構成がしっかりしている。それは深層心理でなく、理解し語れる心理ではある。しかし、オランダの精神科医H・C・リュムケが「浅層心理学」も重要だというのに私は賛成である。たとえば父のにわかな死に遇ったニイルスについての「悲しみのうちにも幸福なのは、愛する者がこの地上を去った時に、ただその空白と残された淋しさ悲しさを泣きつくせばいい者たちである」に始まる一節。些細な攻撃的言辞も、相手の死と共に突如永遠に償い得ない罪に変貌するのは、そのとおりだと思った。私はすでにそれを祖母の死の時に味わっていた。

しかし、私の人生の大部分は行く手にあって、また見通しがきかなかった。当時は今よりも思春期の発動が遅く、私も高校一年までは子どもであった。私の経験は、友情のおずおずとした成立から始まる箇所ぐらいであったろう。永遠に続くように見えた三人組の遊びがいつしか色あせ、ある時、一人が芸術家たるべく首都に出立する。別れの日である。それぞれが持っていた帆船の模型を爆破し、ニイルスが船室の鍵をフィヨルドに投げ込む。その気持ちぐらいはわかった。

ニイルスの母は、熱烈な恋愛が味気ない結婚生活に変貌した中を諦念と夢想とに生きた。彼は父の死後、その母をスイスへの旅に連れてゆく。ルソーの小説でスイスの自然に憧れていた母は、現実の風景に遇って、その美に囲まれながら、実現してみると何かが足りないと思う。彼女はその地で死ぬ。死への日々の風景描写は当時の私を圧倒した。その終わりは、母の埋葬の地の「墓たちは暗い糸杉と冬咲きのガマズミの間に白く光っていた。早咲きの薔薇がその多くに花弁をふりこぼしていたし、根もとの土はしばしばスミレの花で青かった。しかしすべての土饅頭とすべての墓石の周りには、やさしいツルニチニチソウのつややかな葉と巻蔓がまつわって、あのルソーが愛した、どんな空の青さもおよばぬ青い花が咲いているのだった」である（難読植物名はカナに直した）。私も植物が好きだった。

　この小説では、友情も、恋愛も、情事も、結婚生活も、憧れから始まり、理想化を経て熱中へ、そして現実が見えて、たとえ素晴らしくとも違和感が生まれ、幻滅に終わる。この有為転変(ういてんぺん)の繰り返しはまさにフーガである。最後には自己への幻滅が来る。無神論者の主人公は、亡き妻の遺児が危篤に陥った時、思わずひざまずいて神に祈ってしまう。その後の人生は、芝居が終わった後の無意味な場面だった。彼はプロシャ・デンマルク戦争の志願兵となる。兵役の退屈と不快は彼を癒すが、実戦でまもなく胸を撃たれて、「立ったまま死にたい」と口走りながら、苦しく孤独な死を遂げる。

　人生は、発達、成熟、老化でもあるが、フーガでもある。精神科医としての私の日々の営みは、むしろ、人生のフーガ的側面に目を向けたものであったかもしれない。

『忘れられた日本人』宮本常一（岩波文庫）選／佐野眞一（ノンフィクション作家）

宮本常一の『忘れられた日本人』を初めて読んだのは、その本の初版が未来社から出た昭和三十五（一九六〇）年のことだった。中学二年になったばかりの頃である。私はその頃、近所の図書館にもぐりこんでは面白そうな本をかたっぱしから読破するブッキッシュな中学生だった。

あるとき、しわくちゃのおばあさんの写真が表紙になった本が目についた。それが『忘れられた日本人』との最初の出会いだった。宮本常一という著者がどんな人なのかも、民俗学がどんな学問なのかも、まったく知らなかった。

冒頭に収録されている「対馬にて」から、私は異様な力で活字の世界に引きこまれていく自分を感じた。これは昭和二十五・二十六年の九学会連合による対馬調査の思い出を綴ったものだが、そんなことはもちろん知る由もなかった。

いまにして思えば、峻険な山々に陸路を阻まれた絶海の孤島に生きる人々の古代的たたずまいに圧倒されたのだと思う。たとえば、こんな描写がある。

〈……外はよい月夜で、家のまえは入海、海の向うは低い山がくっきりと黒く、海は風がわたって、月光が波に千々（ちぢ）にくだけていた。その渚のほとりで、宿の老婆は夜もすがら夜なべの糸つむぎをしていた。「月がよいので……」と月の光をたのしみ、夜風のすずしさをたのしんで仕事をしていた〉

『忘れられた日本人』を初めて読んだ昭和三十五年は、日本列島に「政治」と「経済」の高波が一気に押し寄せた時代だった。

国会周辺では「安保反対」を叫ぶ学生デモが連日のように繰り返されていた。敗戦後十五年たった日本は、日米関係をめぐって大きな政治的対立の時代に入っていた。一方、経済に目を転じれば、高度成長という言葉が登場し、〝三種の神器〟と呼ばれたテレビ、電気洗濯機、電気冷蔵庫が、各家庭に洪水のようになだれ込んでいた。

そんな季節のなかで読んだ『忘れられた日本人』に、私は子どもながら言い知れぬ衝撃を受けた。世の中は政治に過熱し、経済に浮かれているというのに、この著者はそうした時代風潮に背を向け、辺陬（へんすう）の地に生きる名もなき庶民の話にじっと耳をかたむけている。

私はまず、その「反時代性」にしびれた。とりわけ、その本のなかの一編の「土佐源氏」の読後感は圧倒的だった。これは、宮本が土佐山中の檮原（ゆすはら）という寒村で出会った盲目の元馬喰（ばくろう）が語った色ざ[illegible]の物語である。

橋の下に小屋掛けしただけの煤(すす)けた土間で、元馬喰はこう言って長い身の上話を終える。

〈ああ、目の見えぬ三十年は長うもあり、みじこうもあった。かまうた女のことを思い出してのう。どの女もみなやさしいええ女じゃった〉

この哀切なモノローグを読んだとき、人を感動させる作品は、「安保反対」や「高度経済成長」といった〝記号〟ではなく、活字だけで世界がくっきり浮かびあがり、切れば血が出る〝言葉〟によってしか成立しないということが、子ども心にぼんやりとわかった。

その違いを、〝大文字〟と〝小文字〟という言葉で説明できるようになったのは、ずっと後になってからである。

『忘れられた日本人』から、いまの仕事につながる大事なことをもう一つ教えられたのは、〝語って説かず〟ということだった。宮本はこの本で語るだけ語り尽くして、決して説こうとはしていない。

その恰好の例が、やはり同書に収められた「梶田(かじた)富五(とみご)郎翁(ろうおう)」のなかにある。対馬に渡った開拓漁民のライフヒストリーを綴ったこの作品で、宮本は八十過ぎの富五郎を七歳の少年の心理に立ち戻らせ、対馬に渡る航海の魅力を実に生き生きと語らせている。

〈どっちを向いても波ばかりで、船はちっともじっとしちァおらん。どだいゆりあげられたりゆりおろされたり、子供心にもこりァたまらんと思うて、船ばたをじいっとつかまえて、その

まァ大けな波ばかり見ちょったもんじゃ。大人はそれでもえらいもんで、その大波の上を櫓を押して行くんじゃ〉

船べりをしっかりつかまえた富五郎少年のちっちゃな手と、大波に驚嘆して感動に輝く目が見えるようである。

対馬にたどりついた富五郎たちは、無人の土地を開拓してそこに港をつくりはじめる。入江に沈んだ石を干満の差を利用して、ひとつひとつ外海に運び出すという気の遠くなるような作業である。港らしいものが出来たのは、作業をはじめて三十年後のことだった。

宮本は富五郎にこれまでの人生を余すことなく語らせ、最後近くでこう言わせている。

「やっぱり世の中で一ばんえらいのが人間のようでごいす」

辛苦の末に新しい漁村を切り拓いた富五郎翁のこの力強い一言は、まさに〝小文字〟言葉の典型であり、〝語って説かず〟の見本であろう。

本は遅効性のメディアである。読んだときはわからなくても、冷や酒のように後になってきいてくる。

だが、そのことに気づくには、長い回り道が必要である。私がそれを知ったのは、中学時代に読んだ本の感謝をこめて宮本常一の評伝（『旅する巨人』）を書きあげたときだった。『忘れられた日本人』を読んでから、実に三十六年の歳月が流れていた。

『サミュエル・ジョンソン伝』ボズウェル（中野好之訳・みすず書房）

選／長田弘（詩人）

中学生のころに読んだのだと思う。読んだ話は、いまでも記憶にあざやかにのこっている。とても短い話だ。だが、砂時計の砂が落ちつづけて、音もなく積もってゆくように、その短い話が、じぶんの胸の底に音もなく落ちて、積もっている。

一人の少年がいた。少年の老いた父は、定期市の立つ田舎町の広場に、本を売る屋台をだしている。その日の朝、父親は身体の具合がわるく、代わりに店番をしに行ってほしいと、息子に頼んだ。なのに、少年は断ってしまう。少年は、幼年時の重い病気のせいで、話すときに表情がゆがむ。屋台に立っていて、誰彼なく在郷の人びとと話すことを、少年はしたくなかった。自尊心がゆるさなかった。

それから五十年後。いまも変わらず定期市の立つ日に、すでに老人になった少年は、その田舎町の広場まででかけてゆく。そして、かつて父親が本の屋台をだしていた場所に一人、一日、ただ黙って立ちつくす。そうやって、帽子もかぶらず、冷たい雨に打たれながら、あのときの父のように老いた少年は、とうに亡い父のために、むかしじぶんが断ったことを果たそうとしたのだった。

あれから、その話の少年の名を思いだすことはなかった。ずっと忘れていた少年の名がサミュエル・ジョンソンだったとかつての中学生が思いだしたのは、ほぼ三十年後。三年がかりででたボズウェルの大著『サミュエル・ジョンソン伝』（全三巻、中野好之訳、みすず書房）を読んだときだった。少年の話はその大著のほとんどおしまいのところに、ジョンソンがじぶんの故郷を最後に訪れたときの話としてでてくる。

「彼は自分が全体として不孝な息子ではなかったと確信できると述懐した。『確かに僕は一度だけ（と彼は言った）親の言い付けに従わなかったことがある。僕はアトクセターの市場へ父に付いて行くのを拒絶した。僕の誇りがこの拒否の理由だったので、その思い出は僕の心を苦しめた。数年前に僕は自分のこの罪を償おうと思い、非常な悪天候の日にアトクセターへ出かけて長い時間、以前父の屋台がいつも立っていた町角に雨中に無帽のまま立ち尽した。その間僕は心で悔悟したので、その罪滅ぼしができたと希望している』」

中学生のわたしの胸の底にのこった少年の話は、名にしおう無双の伝記であるボズウェルのジョンソン伝の、この談話をもとにしたものだった。十八世紀イギリスの大人文主義者のジョンソンについて、ジョンソン自身よりジョンソン的とされる、ボズウェルのジョンソン伝以上のものはないだろう。しかし、この短い話だけをボズウェルのジョンソン伝から抽（ひ）きだして、その『伝記物語』の一章に、いまは老いたかつての少年の忘れがたい横顔を描いてみせたのは、アメリカの名うての作家ナサニエル・ホーソーンだった。

「おい、サム」と、『緋文字』の作家は、店番するのを断った少年の父親に話させている。「おまえがじぶんの愚かな自尊心のために、家で寝ていなければならないあわれな病気の父親を、市場の騒音と混雑のなかに一日中立たせておくことができるのなら、何も言うことはない。だが、サム、私が死んでいなくなったなら、おまえはきっとこのことを思いだすだろう」そう言って、あわれな老人はアトクセターの市場に一人でかけていった。

そして、ホーソーンは、それから五十年後に、田舎町の広場の定期市の雑踏のなかに一人立ちつくすいまは老いたかつての少年の姿を、実に印象的に描きだす。騒がしい人の話し声、牛や豚の鳴き声、道化師が人を笑わせる笑い声などで、市場はごったがえしていた。しかし、その老人は、まるでまわりが砂漠のように静かであると思っているかのように、あたりの騒がしさに気づいていないようだった。ときおりは、祈りをささげているかのように顔をあげて空を見、またときおりは、堪えがたい悲しみの重荷がのしかかっているかのように、頭を垂れた。

歴史は世を騒がす事件によってのみつくられるにはあらず。むしろ、砂時計の砂のように、じぶんの胸の底に音もなく落ちて、積もってゆくのは、見過ごせば見過ごすままになってしまうだろうような、それぞれがそれぞれの日常のなかで不意に出会う、歴史の中の無言の小さな光景のほうではないだろうか。

人がとりかえしのつかない間違いをしてしまうのは、おおくじぶんの愚かな自尊心のためだ。人の、人としての本当の品位、ディグニティをかたちづくるものは、じぶんを見失う自尊心の働かせ方にではなく、じぶんを見失わぬ自罰心の働かせ方にあることを、アトクセターの市場のジョンソン博士の逸話は伝える。この少年の話は、『サミュエル・ジョンソン伝』の簡略版として編まれたボズウェル『ジョンソン博士の言葉』(中野好之編訳、みすず書房)でも読むことができる。

『即興詩人』アンデルセン(森鷗外訳・岩波文庫) 選/安野光雅(画家)

子どもの頃、本の好きな友達の原田から「おまえは津和野なんだから丰タ・セクスアリスを読め」といわれ、その頃読んだわたしは、「十五になった」という章を思い出す。鷗外は、わたしが啄木に熱中していた十五の頃、すでに漢書を何冊も読んでいた。しかも、同じ本をまだわたしは読んでいない。第一手に入れるのがむつかしい。

小学生の頃、鷗外の誕生日には、講堂に飾られた鷗外先生の肖像画の前に並ばされた。先生が言われるには「鷗外先生は小学生の頃、四書五経を読破された。一生に書かれた作品は、毎日四枚の原稿用紙を埋めねばならないほどだといわれている。みんなもしっかり本を読んで鷗外先生のようになりなさい」と自分のことは棚に上げておっしゃった。

わたしはお説教なんか聞きもせず、津和野のような田舎に、そんな偉い人がいるもんかとおもって、冷える足をこすってばかりいた。ところが、先生の言われたことは、本当だったのだ。本は子どもの時から読むほうがいい。頭の体操として本を読むことで、読書習慣がつき、大げさに言えば依存症になった人を、たまに電車などで見ることがある。あれは語るに足るすばらしい人である。

このごろ、そういう人が少なくなったというが、それは子どもの頃から読んでいないからだと思う。字が難しかろうと、話が高級だろうと、子どもの頃から読めば眼で字を追うだけでも楽しい。その証拠は鷗外だけでなく、今の台湾の子どもたちがそうだ。彼らは今も旧漢字の難しい字をすらすら読むし、しかも字のなりたちを習うらしく、一つの文字を解説して見せる。子どもの頭の中という収容能力は、大人が考えるより、はるかに大きくひろいのだ。

わたしは大きくなって、『舞姫』を手はじめに、文語体のいわゆる三部作を読んだ。

筋書きだけのようでも、これがやめられないと言われた『護持院ケ原の敵討』は、一気に読んだ。石川淳は『諸国物語』が最高だというので読み、『澀江抽齋(しぶえちゅうさい)』が最高だという友達がいたので、これも負けまいと思って読んだ。そういえば『山椒大夫』は教科書にあった。その意味で『高瀬舟』を知らないものはない。

　そして、津和野自慢も、田舎の僻み（ひがみ）も関係なく、森鷗外はたいしたものだと思うようになった。いまも、同郷という意識はない。同じに考えることがそもそも無理なのだ。

　わたしは、鷗外の作品に夢中になったが、中でも『舞姫』のような文語体の作品に酔った。筋書きもさることながら、その音楽的美しさに心を奪われた。音楽だから何度読んでもいい、はじめは気づかなかったことにも気づき、読む度に深い所がわかってくる。わたしは次第に文語文を探して読むようになった。『即興詩人』は、そうして出会い、ついにわたしが無人島へ流されるときに持って行く一冊になった。これさえあれば、失恋、遠島など、どんなに寂しいときでも心が満たされる。だから人にすすめているが、惜しいことに文語体の時代は遠くなってしまった。

　わたしも遠くなった人間だが、漢文や、文語文の特訓を受けたことはなく、漢詩は読み下し文がなくては読めない。もちろん文語の専門家ではない。思いあたるのは子どもの世界が文語体的であったということはある。唱歌の「我は海の子」「箱根の山」などが文語文の入り口だったかと思う。

　明治に、言文一致の文学運動があったというし、いまや口語体の時代なんだから、文語体を言いつのるのは確かに時代錯誤ではある。それでも文語文が好きだから、不遜にも『青春の文語体』（筑摩書房）という本を書いてしまった。知る人ぞ知る、文語体とは、かつて青春の香りにつつまれていたのだ。

あ、忘れぬうちに書いておこう、あの本の中に、陸奥宗光の『蹇蹇録（けんけんろく）』を入れるべくして忘れた。日清戦争の回顧録で、涙無くしては読めぬ感動の名著である。昔の政治家には、こんな名文を書ける教養人がいたことだけでも知っておいてほしい。いまでも岩波文庫で読めるのだから。

実は、鷗外の次に永井荷風が好きだから、今回は『即興詩人』の代りに部分を掲げようと思ったのに、『断腸亭日乗』の下巻が見つからなくなった。どこかにあるのだが探すのが大変なので買いに行ったら、品切れで上巻はあるが下巻がない。ぼやいていたら、平凡社の山本明子女史が「あります送ります」と言ってくれた。わたしは、またしても、安心してその文語文の音楽に酔っているのである。

日記だし音楽だから、どこを読んでもいいし面白いが、たとえば昭和十七年四月二十六日などはどんなものだろう。

「昭和十一年二月廿六日朝麻布聯隊叛軍の士官に引率せられ政府の重臣を殺したる兵卒はその後戦地に送られ大半は戦死せしやの噂ありしが事実は然（しか）らず。戦地にても優遇せられ今は皆家にありといふ。……（以下は本を読んで頂きたい）」

『北越雪譜』鈴木牧之（岩波文庫）選／辺見じゅん（作家・歌人）

私が鈴木牧之（ぼくし）の『北越雪譜（ほくえつせつぷ）』を初めて読んだのは、二十代の頃だった。越後と隣り合う越中（富山）の雪の在所に生まれた私には、雪国の風土への関心が深かったが、幼年時代は両親と離れ、祖父母に育てられていたこともあって、雪の降る日が幾日も続くと、もうこの雪の下から逃れることができないようなうっとうしさを感じた。むろん除雪車などなく、外に出るのも二階の屋根を伝って降りた。子供の背丈で見た雪のなんと深かったことか。

明和七年（一七七〇）に生まれた鈴木牧之は、その著『北越雪譜』の冒頭に、雪国の辛苦を次のように訴えている。

《雪の飄々翩々（へうくへんく）たるを観て花に諭（たと）へ玉に比べ、勝望美景を愛し、酒食音律の楽（たのしみ）を添へ、画に写し詞（ことば）につらねて称翫（しょうくわん）するは和漢古今の通例なれども、是雪の浅き国の楽み也。我越後のごとく年毎に幾丈の雪を視ば何の楽き事かあらん。雪の為に力を尽し財を費し千辛万苦する事、下に

説く所を視ておもひはかるべし》

雪の苦労をかきくどくように記している。今日も豪雪地帯の悲惨さは変わらないと、新潟の政治家は議員たちに『北越雪譜』をくばったという話もある。

一夜にして雪崩で全滅した集落もある。昭和五十六年には守門(すもん)村四戸が全滅し、八人が亡くなった。その十数日後には、湯之谷の老人ホームが直撃され、六人死亡。「乾雪表層雪崩」による悲劇だが、これは連日の雪の堆積が古い雪の層からはがれた津浪現象だった。

同じ年、私は北魚沼郡の堀之内にある集落を訪れていた。前日、九戸の集落は雪崩のために集団移住が決まっていた。

「子供らからどうしてもっと早く逃げ出さなかったといわれたが、先祖の墓は捨てられん」と、二十四代目にあたる当主は、吐息のような声で語り、子供の住む長岡に移転を決めたという。

家は柱も梁も太かった。天井に近い明かりとりの窓からも、雪の降り積もる気配が感じられた。この集落は、「昭和三色」をはじめ錦鯉の養殖で知られている。錦鯉はまた、父祖の地で生きる人々のいのちのいろでもあったろうか。

私の記憶の中に降る雪は灰色がかっている。空が北陸独得の灰色にくすんでいたので、雪の色も白くはなかった。それでも、雪が降ると心がときめく。人恋しいような懐しさである。雪の国では人と人とが助け合って生きるしかなかったので、暖かい国の人々とは違った心のぬくもりやふれあいが伝統行事の中にも引き継がれてきたと、牧之は綴っている。

『北越雪譜』の中でも印象的なのは、越後縮(ちぢみ)の話である。牧之が縮の仲買人であり、母は亡くなる前まで縮を織っていた。

《雪中に糸となし、雪中に織り、雪水に洒(そゝ)ぎ、雪上に曬(さら)す。雪ありて縮あり、されば越後縮は雪と人と気力相半(あひなかば)して名産の名あり。魚沼郡(うをぬまこほり)の雪は縮の親といふべし》

牧之の矜持心まで伝わってくる。

娘が生まれると、親はまず指を見る。細くて爪の形がよいと上手な織り子になると喜ぶ。機織り上手は結婚の条件でもあった。

昭和十年頃まで、上布や縮は塩沢や六日町の家々にとって唯一の現金収入でもあった。大正末期、米一俵が七円五十銭だったが、一反の織り賃は百五十円から百八十円したという。腕のよい織り子は、四反も織りあげて、冬の間に一年分の収入を得ることが出来た。

牧之の家庭生活は決して幸福とはいえなかった。生涯に六度結婚している。三度目の妻は両親の意にも叶い、牧之も共に連れ添いたいと願ったが、結婚して二十四年目、妻は四十八歳で病死した。

『北越雪譜』が出版されるまでの経緯もまた紆余曲折だった。

最初は江戸の文人山東京伝が興味を示したが、板元から百両ほどかかるといわれて断念。次に京伝の門弟滝沢馬琴に尽力を依頼。当時の馬琴は流行作家で師をしのぐ人気を得ていた。すでに師弟の間には屈折した感情がわだかまっていたが、越後塩沢の牧之は知る筈もない。馬琴への交渉は不成功に終るが、牧之は出版への希望を捨てなかった。三人目に登場するのが、上方の画家の岡田玉山、続いて江戸の画家鈴木芙蓉が協力を約束するが、二人とも病死。その後、山東京伝が亡くなり、馬琴との交友が再開。雪のありさまを暖国の人々に知らせたい一念で京伝に頼んで以来二十年の歳月が流れた。牧之は馬琴との交渉が不首尾に終ったあとも珍しい越後の品々を送っていた。

当の馬琴は『南総里見八犬伝』を執筆中であった。そのための取材の図説を牧之に依頼したりしているうちにいずれは自分の名で出版する機会もあろう、そのときは『越後雪譜』にしたいとの返書が届く。牧之は自分の名はどうでもよかった。馬琴の名で出版できるならと、新しい素材を集めて草稿を送る。それから十年が経ったが、馬琴からの出版の返事はない。

文政十二年（一八二九）、思いがけず京伝の弟の京山から牧之の名で出版したいとの申し出が届いた。牧之は馬琴に依頼したこともあり、断わった。しかし京山は、兄の京伝から草稿を見せられていたし、馬琴よりも出版の話は先であったと決断を促した。牧之はこの申し出を馬琴に告げる。京山に一任するむねの返事が届くが、牧之の送った雪に関わる図説や草稿の一切は返却せず、知人に与えてしまった。『北越雪譜』の出版後、知人に宛てた書簡に図説も文章も疎文、あのような書を出すのは「田舎児の老実千万」と記している。

牧之はあらためて京山に次々と草稿を書き送った。その執念たるや怖るべしである。

いよいよ出版が決まると、京山は馬琴宅に挨拶に行き、出来れば序文をお願い出来ないかと頼むが、馬琴は断わる。それどころか、板元を頼んだのは自分であると周囲に言いふらした。京山は怒るが、牧之は「忍」の一字を説き、馬琴へは金封を贈ってこれまでの交誼を謝した。

作家の石川淳は『諸国畸人伝』の中に、

「後世から見ると、雪譜に筆を加へるものとしては、ひとに傲（おご）る馬琴よりも、ひとに譲る京山のはうがまさに適任である。もし馬琴が筆をとつたとしたらば、今日につたへられてゐる雪譜の性質に大きいゆがみをあたへてしまつたにちがひない（略）」

と、記している。まさに至言である。

天保八年（一八三七）、『北越雪譜』の初篇三巻が売り出され、たちまちベストセラーになる。

牧之六十八歳、出版を志して四十年の歳月を経ていた。それから四年後、続きの二篇が売り出されるが、牧之は中風が悪化し、言語障害も甚しく筆談になる。そして半年後、牧之は七十三歳にて死去。

『北越雪譜』は、牧之が豪雪の苛酷さを書き継ぎ、その雪の下で暮らす人間の宿命を伝えたい一念の本であった。牧之の忍とは己れにうち克つことであり、刃を擬した心であると、本を読みながらあらためて思った。

『シッダールタ』ヘルマン・ヘッセ（高橋健二訳・新潮文庫）選／横尾忠則（美術家）

一九六七年夏、ニューヨークは沸騰して泡立っていた。

ロックミュージック、フォークロック、ドラッグ、アシッドトリップ、フラワーチルドレン、ヒッピー・レボルーション、インド超越瞑想、ヨーガ、禅、神秘主義、精神世界、超常現象、オカルティズム、UFOコンタクト、ニューエイジ、占星術、心霊現象、自然食、フリーセックス、ボディランゲッジ、アンダーグラウンド、サイケデリック、ポップアート、グル、アシュラム、ハリクリシュナ、宇宙意識、ネイチャーアメリカン、あゝいちいち挙げていると切りがない。

物凄い勢いと密度と凝縮、そんな混沌としたアメリカのヤング・カルチャー・ムーブメントの真只中にぼくは神武以来の高度成長に浮かれている日本からいきなりベトナム戦争で揺れ動いているニューヨークのど真中に降下したのだった。

この時のニューヨークは善くも悪くもぼくにとっては別天地だった。天国であると同時に地獄でもあった。天使と悪魔によってぼくの体は二つに分断されつつあった。肉体感覚で認識する現実から分離したもうひとつの現実をサイケデリック体験（超越瞑想）によって知覚した驚異の前でぼくの価値観や通念は快感を伴いながら見事に崩落していった。それはぼくにとっては新しい死であった。

その時、ぼくは求めた。グル（導師）を。その人はヒッピーがスイスの聖者と私淑するヘルマン・ヘッセだった。『シッダールタ』や『荒野の狼』は彼等のバイブルだった。ぼくはむさぼるように『シッダールタ』を読んだ。そしてインドに行った。インドの旅は七度続いた。『シッダールタ』の旅でもあった。最初はシッダールタよりも彼の友ゴービンダにぼく自身を投影した。そしてヨーガを習い禅寺に一年ばかり参禅した。結果は一歩前進二歩後退だった。

シッダールタは悟りを求めることから悟りを捨てることを選んだ。ゴービンダは沙門に入り仏陀に帰依した生き方をつらぬこうとした。一見彼の生き方は正道に見える。しかしシッダールタは自己の内なる想念の声に忠実であろうとした。このことはぼくが一九八〇年にニューヨーク近代美術館のピカソ展の会場で突然、何者かに洗脳されたかのように、内なる声に従う生き方を啓示として受けたことと同化する。もし『シッダールタ』を知らなかったらこの時画家宣言をしたかどうかは疑わしかった。

画家に転向して三十年が経とうとしている。そして一昨年古稀を迎え、老境に至った。そこで再びぼくはヘッセと出合うことになる。老境を生きるヘッセが残した人生最後の言葉の数々を著した何冊もの著述は今やニーチェ、キケロ、ゲーテらの著書と共にぼくの親しみの書として座右にある。

ヘッセは『シッダールタ』で彼の八十五年の人生を先に生きてしまった。あたかも『シッダールタ』をなぞるかのように生きた。あたかも前世で取り決められた約束を宿命であるかのように、敷かれた路線を走るように現世を生きたのではないだろうか。つまり『シッダールタ』が彼の生涯の設計図、あるいは楽譜であるかのように。ヘッセは「人は成熟するにつれて若くなる」と言う。老境こそが自我を滅私する絶好の機会だとでもいいたそうである。シッダールタが成したようにヘッセもその後を追う。

ぼくは一昨年『隠居宣言』（平凡社新書）なる本を出した。この本を書いた動機は小林秀雄が五十代で自分を老人と認め、この年になって若者と同じようなものの考え方をして生きるのは老人になった値打ちがないじゃないか、というような言葉を講演で吐いているのを聴いてからと、その頃愛読していたヘッセの老人について語った様々な著書の影響で、ひとつ早いとこ老人になってやろうと思い立ち、そのためには隠居になるのが一番てっとり早く自由を得るための最短距離ではないかと思い、即刻頼まれ仕事のデザインを廃業することに決めた。

　ぼくの経済基盤になっているこの仕事を止めることによって肩の重荷が取れたように思えた。従来は他者または外部の時間が主導権を握っていたのを隠居することによって自らが時間の主導者に変った。このことはぼくの生活と人生に大きな変革をもたらした、つまり自分が自分の主人公になることができたからだ。

　こんなことならもっと早く隠居宣言をしておればよかったと述懐しきりである。残された時間で如何にヘッセの通った道をなぞることができるか、今後の楽しみのひとつにしたいものだ。考えてみれば随分長期にわたってヘッセという河の流れを流れてきたものだ。ヘッセと対話することは死者と語り合うことでもある。生者ヘッセよりも死者ヘッセの方がより濃密な交流ができるように思えてならない。


『孝経』（加地伸行訳注・講談社学術文庫）　選／**加地伸行**（立命館大学白川静記念東洋文字文化研究所長）

　かつて大学院学生を直接指導していた現役教員（中国哲学専攻）であったころ、院生に本の買いかたをいろいろと教えたものである。

例えば、分野についての場合であると、三種あると教えた。

第一は、研究用である。院生は研究者志望であるので、これは当然であろう。

第二は、語弊はあるが、営業用である。就職先の学校では、研究だけでなく講義等教育も担当する。

その場合、例えば自分は中国哲学を専攻したからと言ったって、その方面だけの担当でいいというような学校は、数えるほどしかない。ほとんどの場合、いろいろなものを担当させられる。漢文・中国語はもちろんのこと、なんと中国文学、東洋史、漢文学、国語科教育法、作文指導、日本思想史、果ては哲学科の中国哲学専攻だったということで、哲学、倫理学……というふうになる。

このこと、拒否はできない。食べてゆくためには。そこで、中国哲学と関わりがありそうな方面の本を広く薄くぼつぼつ買っておけというわけである。それが「営業用」という意味。

第三は、趣味用。これは個人の問題。

さて、「わが心の書」となれば、ふつうなら第三分野からということになるであろう。本来なら私もそうである。しかし、私はあえて第一分野から一冊を選ぶ。それは『孝経』である。

昭和三十三年十二月、今から五十年もの遠い昔のこと、私は母を病気で亡くした。それも入院して三日後の死であった。

私は動揺した、号泣した、信じられなかった。そして時が経つにつれて、母に対する詫びの気持で切なかった。苦労し続けていた母に報いることができなかった己れ——それは不孝者ということではないのか。自分が情なかった。

翌年、卒業の年になると、文学部学生は卒業論文を書くことになる。当時、学問研究の客観性の重視というマックス・ウェーバーの流儀が、大方の学生の気持であった。しかし、不孝者の意識に苛（さいな）まれていた私は、己れの不孝の贖罪（しょくざい）のために卒業論文を書くという主観的——いや主体的な決心をし、『孝経』を対象とすることにしたのであった。

『孝経』とは、その書名のごとく、孝についての儒教における組織的論説である。儒教は歴史的に二分される。その前半は原始的成立過程、後半は、その組織化を完了して以後の時代である。中心文献を選んで経（けい）と称し、古典学を形成する。これを経学と言う。『孝経』は、一応は後半に属する。

私は、この完成体となっている『孝経』がどのような過程を経て成立したのかということを研究テーマとした。その際、諸文献を時間的に並べて文献的に検討するという方法は採らなかった。そういう研究はすでに山ほどあったし、また私の関心はそこになかった。親を思う孝子といえども、いつかは必ず親を亡（うしな）うとすれば、孝と死との関係についての議論や考察が儒教史において必ずあるはずだ、それはどのようなものであるのかということを問いたかった。当時の流行で言えば、実存的関心からの研究であった。そして『孝経の成立』という卒業論文を書いた。

その内容は、中国人は死をどう考えていたのか、それは孝とどのように関わるのか、というものであった。もちろん、未熟なものであった。しかし、「儒教は死については語らない」とする定説に対する真向からの挑戦であった。この後、私は多くの論文を書き、技術的には上達していったものの、この卒業論文の持つ気迫と熱意とを越えるものはついに書けなかった。

やがて二十代若手研究者の私は、孝について研究論文を発表し続け、三十代には、中江藤樹の『孝経啓蒙』という著述の注釈をした（岩波書店の日本思想大系所収）。

そして五十代前半、「宗教とは死および死後の説明者である」という私の立てた定義（仮説）の下に『儒教とは何か』（中公新書）を書き、儒教を宗教として基礎づけた。その根拠は死の意識の上に立つ孝である。論の詳細は省くが、その出発点が卒業論文であったことは言うまでもない。

そのような蓄積を背景に、二年前、『孝経　全訳注』（講談社学術文庫）を著した。書名とは異なり、その大半は『孝経』にまつわる物語である。そして今秋、おそらく私の最後の学術研究書となるであろう『孝研究——儒教基礎論』（研文出版）を刊行し、私の孝研究の終止符を打つ。

顧れば、この五十年、私は『孝経』を中心にして〈孝とは何か〉つまりは〈儒教とは何か〉を問い続け、儒教の本質を捉えた。口はばったいがあえて許されるならば、孔子死して二千五百年の後、私によって始めて儒教が真に宗教として思想として解釈された。それは、亡母への不孝という心の呵責（かしやく）から、縋（すが）っていった『孝経』が私の心の書として存在し続けたからである。

寺田寅彦の随筆　選／松井孝典（元東京大学大学院教授）

私が中学生か高校生だった頃の教科書には、寺田寅彦の随筆が紹介されていたと思う。記憶が曖昧だが、そうでなければ私が寺田寅彦の名を、大学入学以前から知っているわけがないからである。小学生の頃も高校生の頃も、読書はもっぱら歴史関係であった。中学時代は剣道に夢中になっていたので、読書といえるほど本は読んでいない。寺田寅彦の随筆集を買ったのは大学の頃と記憶している。

買った当初は特別の思い入れもなく、理科系の大学生なのだから、教養にという程度の読み方だったが、再びそれを取り出して少し気合を入れて読んだのは大学院に進学した頃である。以来現在に至るまで、しばしば寺田寅彦の随筆（岩波の随筆集以外にも例えば「ローマ字の巻」など）を取り出しては気が向くままに読むという習慣が続いている。

それには当然理由がある。実は本郷に行ってから、寺田寅彦の名が急に身近に感じられるようになったからである。東大では駒場から本郷に進学するとき、専門を決める。私が選んだのは理学部地球物理学教室であった。その進学が決まったときに、先輩が開催してくれる恒例の歓迎会で、当時の諸先生が寺田寅彦の思い出のようなものを披露してくれたのである。以来、しばしば身近に寺田寅彦の名を聞くようになった。何のことはない、地球物理学教室の創始者ともいえるのが寺田寅彦であったのだ。当時の先生方はまだその影響を、色濃く受け継いでいたのである。

うかつといえばうかつだが、駒場から本郷に進学したとき、地球物理学については全く知らなかった。なんとなく、地球に関する物理学ということが、単なる物理学より新鮮で、気に入ったというだけのことであった。もともと大学に進学するとき、学者になること、その分野は理学部と決めていた。それ以外は何も決めていなかった。

大学院では竹内均先生の研究室に進学した。竹内先生は、寺田寅彦にあこがれて地球物理学を志した、ということを、その後先生の随筆を読んで知った。さらに、竹内先生の先生は坪井忠二先生で、坪井先生は寺田寅彦の愛弟子で、その講座を受け継いだ先生ということも知った。坪井先生は寺田先生が自宅で毎週のように開いていた仲間内の音楽会のメンバーで、その先生が米国留学に発つ日、既に体調の悪かった寺田先生が東京駅まで見送ったというほどの師弟関係である。こうなると、はるかに仰ぎ見ていた偉人に対し、急に親近感が増すものである。

とはいえ、その存在は相変わらず巨大なもので、とても何か論評できるような対象ではなかった。しかし私自身が研究者になり、米国での研究生活を終え、そのまま東大で学者生活を続けるようになり、加えてテレビに出演したり、新聞等で解説やエッセイを発表したりするようになると、寺田寅彦をより身近に感じるようになった。研究分野が近いというだけではなく、世の中を科学者として眺め、論評するという意味でも、同様のことをするようになったからである。

そのようになって、改めてその随筆を読むと、文章の味はもちろんだが、そのテーマの選び方といい、全体の論の展開の起承転結といい、実に見事なのである。テーマが社会現象の場合、その分析は物理的だったり、数学的だったりする。しかし、自然そのものがテーマになると、その題材は、圧倒的に、今で言うところの地球物理学的なものが多くなる。というか、その随筆の影響もあり、東京大学理学部物理学教室の伝統は、寺田物理学といわれたりすることもある。それはそれで確かに独特なのだが、寺田寅彦の関心は実に多様で、自然の本質を衝くものが多い。

寺田物理学とはある種の形容で、学派として弟子達を総称すればそうなるかという程度のことだが、地球物理学に近いことは事実である。その創始者と言われるが、それは多分、彼のドイツ留学時の目的が、地球物理学の研究にあったため、そうなっているのだろう。帝国大学からその後東京帝国大学に移行するのだが、その理科大学（今で言えば理学部）の物理学教室で最初に行われていた研究は、もともと地球物理学的であった。開設された頃の物理学教室で研究されていたテーマは、重力や地磁気の測定や研究が多く、長岡半太郎などもそのような研究をしている。

寺田寅彦が研究し、あるいは随筆で紹介しているようなテーマは、その後測地学や地震学、気象学や海洋物理学、地球電磁気学などに細分化され、地球そのものを統合的に、物理学的に研究することは途絶えた。しかし、今、太陽系の探査が広く行われるようになり、再び文字通りの地球物理学が、更に進化した形で研究できるようになっている。その意味で、私は自分の専門を地球物理学と称しているが、その範はいつでも、寺田寅彦先生にとることにしている。

『パルムの僧院』スタンダール（生島遼一訳・岩波文庫）　選／**高田宏**（作家・随筆家）

四〇歳前後の数年間、腰痛の治療で病院通いをつづけていた。その途中で一週間だけ入院することになった。脊椎管に造影剤を注入してその流れ具合をたしかめるという検査のための入院である。

怖さもあったが、嬉しさが上廻っていた。当時勤めていた石油会社で、ぼくはほぼ一人で季刊文化誌、季刊石油情報誌、月刊社内報の三誌のほか会社案内など各種の刊行物の編集をしていたので、家でも仕事をする忙しさに追われていた。そこへ、一週間もの入院、一週間もの自由時間である。

入院中、何を読もうか、どの本を持って行こうか、と考えるとわくわくした。ふだんのこまぎれの時間では落ちついて読めないものがいい。パスカルの『パンセ』とか『芭蕉連句集』なども考えたのだが、結局、スタンダールの『パルムの僧院』にした。

一九世紀前半のフランスの作家スタンダールをぼくは、大学生のころから読みつづけていた。大学一年生のときに同宿になったUからすすめられて『赤と黒』を読んだのが最初だった。宇治川の岸辺の草むらに寝ころんでいたときにUが熱く語り、翌日ぼくは大学分校の図書室でこの小説に読みふけっていた(のちにUは東洋史、ぼくは仏文を専攻した。家族ぐるみで付き合ってきたUは一五年前、六二歳で癌死した)。

フランス語を学んでいながら、学生時代に読んだスタンダールは翻訳でだった。『パルムの僧院』も生島遼一教授の訳で読んだ。スタンダールを原文で読みだしたのは、卒業して京都から東京へ移り、出版社に勤めてからのことだ。通勤の電車やバスで、また下宿の万年床で、スタンダールのほぼ全作品を読んだ。なかでも『パルムの僧院』は結婚後も二、三度読んでいた。たしかフランスの哲学者アランが、毎年一度『パルムの僧院』を読むと言っていたのに刺戟(しげき)されてもいた。

ほぼそんなわけで、一週間の検査入院に『パルムの僧院』を持ち込んだのだった。ベッドで寝ながら読みやすいように、ラルース社版の二分冊本にした。フランス装のコットン紙なので一冊なら楽に片手で持てる重さだ。合わせてポケット版の仏和辞書も持った。

「またおべんきょうですか?」

検温のたびに中年の看護婦さんから、半分あきれ顔で、ちょっとからかい気味に、にっこりと声をかけられたものである。一週間後、医師から手術をすすめられ(手術はその後もすすめられたがしなかった)、ちょうど読み了(お)えた『パルムの僧院』を手にして退院した。久しぶりのゆっくりした読書に満足していた。

深田久弥(きゅうや)のエッセーに、「『パルムの僧院』の一場面」という一編がある。深田さんはぼくの小学校の先輩で、親子ぐらいの年齢差があるのだが、ぼくの高校生のころから深田さんが六八歳で登山中に急逝されるまでの二〇年あまり、折り折りにお付き合いしていただいた。

深田さんのお宅によばれたり、都心の酒場でご一緒したりしていたときにも、深田さんがスタンダールびいきであることは知っていたのだが、なぜそんなにスタンダールが、なかでも『パルムの僧院』がお気に入りなのかということは、深田さんの没後、深田さんのエッセーをいろいろ読んで腑に落ち、同様にスタンダールを、とりわけ『パルムの僧院』を愛読してきたぼくとしては、深田久弥がもっと身近になった気がして嬉しかったものだ。

なお、深田さんのお墓の側面には「読み歩き書いた」と彫られている。スタンダールの墓碑銘「生きた、書いた、愛した」にならったものであろう。

さて、「『パルムの僧院』の一場面」のなかで、深田さんは、スタンダールがいかに山好きで、イタリアで見るアルプス山脈への感動をいかに描いているかを指摘した先に、『パルムの僧院』の主人公ファブリスが官憲に捕えられてファルネーゼ塔のてっぺんの牢獄に幽閉される場面を挙げている。

ファブリスは鉄格子のかなたに、万年雪に輝くアルプスの峰々を眺め、恍惚となってその光景にみとれる。この「崇高な光景」に感動し、とらわれの身の不幸を忘れて叫ぶ。「これが牢屋というものか俺があんなにこわがっていたのは、これなのか」と。

深田久弥は五五歳のときヒマラヤのジュガール・ヒマール踏査に行っているが、そのとき氷河上のテントのなかで読んでいたのも『パルムの僧院』であり、ファブリスがコモ湖からアルプスを望む場面であったという（深田久弥は戦前、堀辰雄や大岡昇平からフランス語の手ほどきを受け、あとは独学でスタンダールを読んでいた）。

ぼくの五〇歳代半ばには、あるカルチャースクールのエッセー教室で、半年ばかり『パルムの僧院』を講読テキストにしていた。生島遼一訳と大岡昇平訳を、原文にあたりながら講読した。『パルムの僧院』にはバルザックも言うように崇高な人間群がスパークしている。ファブリスやサンセヴェリーナ公爵夫人はもちろんだが、五〇代のぼくの目をことさら引いたのは、初老のモスカ伯爵だった。今度読むときには、それは、どの人物だろうか。

『ヨブ記』 選／鈴木秀子（聖心会シスター・文学博士）

私の人生で、最も衝撃的な出来事は、中一のときの終戦を境にして起こりました。夏休みが終わって登校すると、教頭先生の思いがけない言葉を聞いたのです。

「まだ神社の前で頭を下げている馬鹿者がいる」

この先生は夏休み前まで、神社の前で頭を下げるように、厳しく厳しく言い続けていました。

戦争が終わった途端に、今までと正反対の価値観を突然押し付けられたのです。子供心に正しいと信じていたものが嘲られ、昨日まで大切にしていたものが踏みにじられていく。教科書のページを墨で塗りつぶしながら、私はいつも同じ問いを、心の中で繰り返していました。

「本当のものって、いったい何ですか。変わらないものは何ですか」

私はこの時から、心のどこかにぽっかりと口を開けている空虚感を感じ続けていました。

「変わることのないもの」を求め続ける心の飢えは、慢性的なものとなって、生きる上での障害となっていきました。

大学生になったとき、私は旧約聖書の中の知恵文学といわれる「ヨブ記」に出会いました。不信感にとらわれていた私にとって、ヨブ記を繰り返し読み、考え続けることが、精神的な闇に差し込む光となっていきました。


ヨブ記を貫くのは、「人間はなぜ苦しまねばならないのか、あるときは自分の責任ではないにもかかわらず苦しまねばならないのはなぜか」というテーマです。あらゆる病にさいなまれ、すべての財力を奪われ、あらゆる人から裏切られた義人ヨブは、絶望のどん底で叫びます。


　なにゆえ、わたしは胎から出て、死ななかったのか。

　腹から出たとき息が絶えなかったのか。

なにゆえ、ひざが、わたしを受けたのか。
なにゆえ、乳ぶさがあって、
わたしはそれを吸ったのか。

この叫びに、神は沈黙を続けます。そして死ぬこともできず、長い苦悩を経たヨブに、ついに神は口を開き、ただひと言答えます。

「腰に帯して男らしくせよ」

なぐさめの言葉ではありません。ヨブへの深い信頼の言葉です。

私は遠藤周作氏の最後のころ、よく病床にうかがいました。遠藤氏は、ヨブが体験したような辛い病を次々と背負いました。ついには、どんな痛みより耐え難いと言われる、全身の激しいかゆみにさいなまれました。ヨブと似た状況に、順子夫人がふと洩らされました。

「あなたはヨブと同じね」

その一言に、遠藤氏は目を大きく見開きました。私は遠藤氏の目に力がみなぎるのを凝視していました。それは深い感動の一瞬でした。遠藤氏はぽつりと、

「そうだ、私のヨブ記を書こう」

と、ひとり言のようにつぶやきました。

それ以後痛いとか、かゆいとか、ひと言も口にしなくなりました。病は昂じていましたから、かゆさはどんなに辛く、耐え難いものであったか知れません。しかし遠藤氏は、ヨブの「だまって現実を受け容れること、神のみ旨(むね)は自分の病を癒すことではなく、苦しみを通して、変わることのない神の愛に導くことだ」の悟りを自らのものとしたのでした。

それから遠藤氏の病状は悪化し、ついに遠藤周作著、『私のヨブ記』は書かれませんでした。しかし遠藤氏のこの世での最後の日々は、神の前におのれの小ささと、起こってくることを謙虚に受け容れ、神の愛を信じて耐え抜くことでした。ヨブに「沈黙の神」が最後に発せられたひと言、「腰に帯して男らしくせよ」を生き抜いたのです。遠藤氏はヨブ記を書き残す代わりに、自らヨブ記を生き抜いたのです。

遠藤さんを見送って以来、ヨブ記は私にとってさらに意味深いものとなっています。

『イタリア・ルネサンスの文化』ヤーコプ・ブルクハルト（柴田治三郎訳・中公文庫）選／樺山紘一（歴史学者・印刷博物館館長）

ヤーコプ・ブルクハルトの代表作として知られる『イタリア・ルネサンスの文化』。戦前の邦訳タイトルは、『伊太利文芸復興期の文化』だった。一九六六年に中央公論社「世界の名著」

で、柴田治三郎氏の邦訳が出て、ずいぶん読みやすくなった。わたしが使っているのも、むろんこれだ。

原著が一八六〇年に出版されてから、百五十年。近代の歴史書のなかでも、もっとも多数の読者を獲得したのではないかとすら思われる本書は、それでもなかなか厄介な書物である。

世評の高さは疑いがない。なにしろ、いまにいたる近代人にルネサンスという概念をうえつけ、世界史の常識をつくりだしたから。「暗黒の中世からの脱出」「古代の復活」「個人の発展」「世界と人間の発見」「科学と理性の勝利」「芸術としての戦争と国家」などなど。歴史の教科書に、おきまりの文章で表現されるルネサンスは、みなブルクハルトが創造した用語でかざられる。

ところが、いったん承認されたブルクハルト・ワールドは、しばらくのちに無数の疑問をさしむけられることになった。いわく、中世とルネサンスとを、あまりに明暗二分しすぎると。あるいは、ルネサンスでは、古代についての知識は生半可だったと。科学は未熟であり、芸術はほんの一握りの天才だけの占有物にすぎなかったと。社会と国家とは、無惨にも旧式であり、ことにイタリアの混迷は、目をおおうばかりだったと。そのほか、加えていけばきりがない。

賛否両論というよりは、歴史家のあいだでは、いまではむしろ批判のほうがまさるブルクハルト。わたしも、その批判はあらまし当たっていると思う。もう、ブルクハルトを話題にするのは、おしまいにしようか。せいぜい、精彩ゆたかな文学作品として書棚を飾るだけにして。いくどか、そう考えたこともある。だが、なにかの必要があって、『イタリア・ルネサンスの文化』の数ページを開いてみよう。たとえば、ルネサンス時代の芸術家の傑作なエピソードを利用しようとしたり、文人の作品のさわりを引用しようとしたりするとき。そのとき、ブルクハルトの適切な批評や解釈に、はっとさせられる。ついでながらということで、その前後に読みふけり、またブルクハルトの虜（とりこ）になる。

そのようにして、わたしはこの四十年間あまり、柴田訳のブルクハルトにつきあいつづけた。ところが、いつも座右にあるとはいえないブルクハルト。しばしば、横積みの本の山にうもれて、発見がむずかしくなる。見つからないと苛立つ。文庫版になっているのをいいことにして、本屋さんで新調する。かくして、悲惨な結果におちいる。いま、わたしの書棚には、たぶん十セットほどのブルクハルトが散在しているだろう。二点のドイツ語版のほかに、邦訳としては、「名著」版から、そのソフトカバー版、文庫版、それに最新の中公クラシックス版まで。なお、この最後の版が、お薦めである。活字が大きいし、それに巻頭にわたしの長めの解説がついているから（失敬！）。

さて、なぜいまでもブルクハルトなのかという問いに、やはり答えておくべきだろう。むずかしい問題だが。たしかに、歴史事象としてのルネサンスについて、ブルクハルトが試みた説明は、かなりの無理がある。中世との関係をとっても、近代文化との関係をとっても。明色だけを強調しすぎて、暗色をとりにがしてもいる。一八六〇年という時点で、いまだ国家統一をなしとげていなかったイタリアにたいして、過度の思いいれがきわだち、ヨーロッパ全体とのあいだの整合性がいびつだともいえよう。

　だが、しかしなのだ。ブルクハルトにたいするこの批判や非難は、当人にとってはあまり痛みを催すことはあるまい。というのも、ルネサンスを語る著者は、歴史を公平に、順序だって解明することを主眼としているわけではないようにみえるから。三百年ものちの時代から、ブルクハルトはルネサンスという対象に、同格の主体の資格をもって、水平の視線をおくる。まるで、著者自身がルネサンス人そのものであるかのように。とおい昔への遠近法ではなく、同時代への共感の遠近法をもって、ルネサンス文化の絵柄をえがいてみせた。その視線は、かつて百五十年前にあっては、万人の納得をえられたものが、のちの人びとにとって、いくらか疎(うと)ましくなったことは事実だ。

　けれども、その水平な視線の遠近法こそが、読むものにたいして異常な感興をさずけることは、否定できない。じつをいえば、わたしもブルクハルトへの反発を人並みに維持しながら、さりとてその引力を実感しつつ、いくどもこの古典作品に回帰してきた。あ、またブルクハルトを読みたくなった。さて、どの本の山を掘りくりかえせば、見つかるのかな。

『シベリアに憑かれた人々』加藤九祚（岩波新書）

選／今谷明（国際日本文化研究センター名誉教授）

忘れ得ぬ本と言う場合、二種類あると思う。少くとも私の場合はそうである。度々読み返し、座右に備えておく本と、襟を正して読むべき本と。前者は、比較的気楽に読み耽る本であり、夜寝床で、睡眠薬がわりに、ちょっと頭を鎮めたくなる本である。そのような本として、自分は河口慧海の『チベット旅行記』（旺文社文庫）を挙げよう。この文庫本は版元が早くに文庫を止めてしまったため、今では入手困難となっている。私の持ち合せている本も、すでに帳外れ、ボロボロになってしまっている。講談社学術文庫でも出ており、こちらの方が原書にちかく、より完全と言われているが、文庫本で五冊も揃えなければならず大変である。

さて本誌で求められているのは、気楽に寝ころがって読む本ではなかろう。先程指摘した二種のうちの後者の本と思われる。国木田独歩に有名な短篇「忘れ得ぬ人々」があるが、独歩著と同じ意味で、人生に係わる本と言う場合、一冊選ぶのはむつかしいが、加藤九祚著『シベリアに憑かれた人々』（岩波新書・一九七四年）を挙げておこう。

同書は、十八～十九世紀の約二百年に限り、シベリアの大地と深く係わった人類学者・考古歴史学者・博物学者・地理学者等の群像を描いたものである。その時代は、ロシアがバルト海への出口を確保した北方戦役（一七〇〇〜二一年）から、ポーランド独立運動（一八六三年）の鎮圧に及ぶ。右の戦争と叛乱の結果、大量の流刑囚がシベリアへ送られ、彼等の中から優れたシベリア研究者が続出したからである。またアラスカ探検のベーリングや大黒屋光太夫の日本帰還に尽力したラックスマン等、戦争叛乱と関係なくシベリア学に入った学者達も含む。

著者の加藤氏は、自身が第二次大戦後、シベリアの地に五年間抑留された体験をもつ文化人類学者であり、シベリア流刑囚と同様の苦難を味わった方である。私自身、幾人かの抑留経験者と面識があるけれども、著者のようにロシアに愛着の深い人は珍しいと思った。抑留は不愉快な経験に相違ないと考えられるが、著者はその艱難を逆手に学問の道に入られたようで、〃禍を転じて福となす〃タイプの人なのであろう。

さて、日本史を専門とする筆者が、何故本書を「心の書」としているのかいぶかしく思われる向きもあろう。その事情を次に簡単に述べておきたい。私がこの本に出合ったのははっきり憶えてはいないが、二十余年前だった。その前後、筆者は職場の人間関係に悩まされ、研究者としての自己の将来に自信も持てず、困惑懊悩の日々であった。今になって考えれば、当時の私は人間的にあらゆる意味で未熟で、処世術が身に備わっていなかったのであろう。

加藤九祚氏による本書は、学者の群像を展開しているが、決して学説の紹介羅列ではない。

著者の関心あるいは人生観の反映であると思うが、随所に学者の人間関係と、学者の個性が及ぼす悲喜劇が語られている。ポーランド出身の人類学者メッサーシュミット（一六八五～一七三五年）はピョートル大帝により博物館長として招聘（しょうへい）されたにもかかわらず、上司医事局長官との折合いが悪く、厖大（ぼうだい）な蒐集品を取上げられたり失ったりして、挙句失明し、悲惨な晩年を送った。本人の性格は「ひどく誇り高い人物で、誰の忠告にも耳を傾けなかった」という。また第二次カムチャッカ探検（一七三三～四三年）では、グメリンとミュラー、クラシェニンニコフとステラーという具合に、学者間の確執が種々語られている。アラスカ発見者の栄を担うステラーも「怒りっぽい性質」のため学生時代は「いくつかの大学を渡り歩いたが、ついに研究者のコースに乗ることができなかった」。光太夫の恩人であるラックスマンにしてからが、「最も苦手の分野」が「人間関係」であって、一時は大変な不遇をかこった。

学者の人間模様を展開する本書は、日本でいえば故松本清張の「断碑」「笛壺」「石の骨」（ともに『或る「小倉日記」伝』所収）を想起させる。ただ作者加藤氏の力点は、如何なる悲劇があろうとも、学問の成果は永遠に残される、という所にあるようである。そのような次第で、私は本書から、学者にとっての「人間関係」の重要さ、「轗軻（かんか）不遇」に絶望してはならない、等の処世訓を学んだ。意に満たぬこと、憤慨することがある度に、私は本書を再読し、自らを抑えるようにした。現在に至るまで、私が何とか学界の片隅にでも居られるのも、大過なく、身を誤らなかったことも、本書の教訓あればこそ、と沁々思うのである。著者加藤先生とは、近年ある博物館の運営委員会で同席し、名刺を交したことはあるが、親しくお話しする、という迄にはいかなかった。しかしその御経歴と温容は、風貌からも確かに推測できた。

『怒りの葡萄』ジョン・スタインベック（大久保康雄訳・新潮文庫）

選／マーク・ピーターセン（明治大学政治経済学部教授）

十三歳の頃、図書館から借りたスタインベックの『怒りの葡萄』を読んで非常に複雑な気持ちになった覚えがある。大恐慌下で土地を奪われた小作農民の家族が何とかオクラホマから「乳と蜜の流れる地」カリフォルニアまで行こうとする苦難の旅と、夢見ていたカリフォルニアで思い知らされた人間の冷酷さがリアルに描き出される長編小説だ。それまで私は典型的な偉人伝やアドベンチャー小説くらいしか読んだことがなく、『怒りの葡萄』のように過酷な現実を描く、アイロニーたっぷりの本格的な文学は初めてだった。

読み終わって、最初に湧いてきた思いは十三歳ならではの率直なものだった。一九三〇年代に大勢のアメリカ人が餓死したということにショックを受け、純粋な正義感から生まれた義憤のようなものを覚えた。また、妊娠中の栄養失調のせいで死産をしたばかりの若い長女が、餓死しかけている中年の男に乳を飲ませて救おうとする最後の場面を読んで、こんなことを小説に書いていいのかと大きな衝撃を受けたことも記憶している。しかし、しばらくして複雑な感情がこみあげてきた。それは、『怒りの葡萄』がきっかけとなって考えさせられた、自分の父に対する気持ちであった。

実は、物心がつくようになってから、私はすでに大恐慌について十分に聞かされており、そのほとんどは、父の僻んだ性格を弁解するための話だった。父は言葉の暴力によって家族を威圧する、非常に怖い「家庭内の独裁者」であり、母も含めその「恐怖による支配」の下で脅えていた我々家族は、彼のことをどう理解すればいいのか困っていた。冷静に見れば精神錯乱としか思えないのだが、自分の父親のことだからそうは思いたくない。そこで大恐慌の話が我々にとって精神的に重要な「伝説」となった。というのも、たしかに父の横暴な性格を幾分かは正当化してくれるものだったからだ。

この「伝説」は八人兄弟の三男だった父が、頭がとてもいいのにろくに教育を受けられなかった、というところから始まる。大恐慌の頃、両親が自分たち八人の子どもに毎日ちゃんとしたものを食べさせられなくなってきたのを見た父は、十三歳で学校をやめ、家を出ることにした。ヒッチハイクをしたり、貨物列車に乗り込んだりして、ウィスコンシンから西へ向かいながら、主に穀物や果物の収穫の仕事を見つけ出したらしい。子どもながらに何とかやっていけたのだが、生きていくためには、かなりタフでハードな人間にならなければいけなかった、という。大人になってからも、無教育なので自分のインテリジェンスが生かせるような仕事にありつけず、フラストレーションがだいぶ溜まったそうだ。そこで、毎日のように他人に喧嘩を売ったりするような性格になってしまった。その後は、第二次世界大戦中パイロット不足で困っていたアメリカ陸軍航空隊の将校になれたのが一時的な救いになったようだが、終戦後に帰還してからは前と同じ身分に戻り、それがいっそう悔しかった、という。

『怒りの葡萄』を読んだ時の私の年齢が、家を出た時の父とたまたま同じだったという点も大きかったのかもしれない。自分がこれからどんな男になればよいのかよくわからない、思春期独特の心身ともに不安定な中、普通は父親を見本にするのだろうが、彼の筋骨たくましさと、虚勢に満ちてはいるが無限大の自信を目の前にすると、私が大人になってもあれには絶対にかなわない、また彼が十三歳でやってのけたことは明らかに今の自分には無理だ、とある種の劣等感と共に畏敬の念も覚えた。

『怒りの葡萄』の登場人物で、最も自分の不幸な巡り合わせを悔しがってもおかしくないのは、主人公の次男トムである。小説の冒頭、本当は正当防衛だったのに故殺罪で刑務所に入れられた彼が四年ぶりに帰ってきたところで、母親にこんなことを訊かれる。

「トミー、おまえにきいておきたいことがあるんだがね――おまえは、心が煮えくりかえっていやしねえだろうね？　…えらく腹をたてているんじゃねえだろうね？　誰も憎んでやしねえだろうね？　刑務所のなかでは、誰も、おまえを気違いにするほど怒らせはしなかっただろうね？　…教えておくれよ、トミー。あそこでは、そんなにひどくおまえを痛めつけたかい？おまえを、そんなにまでひどく腹をたてさせたかい？」（新潮文庫、大久保康雄訳）

しかしトムはただこう答える。

「いんや…おれは、ちがうよ」

『怒りの葡萄』を最後まで読むと、大恐慌下で社会的地位の低い、立場の弱い人間がどれほど利用されたか、どれほどいじめられたかよくわかるので、私はその本で、父がきっと「伝説」の通り大変な苦労をしてきた人間なのだろうと確認できた。そして大人になってからも癒えることのない心の傷を負っていたのだろうとも想像できた。ただ『怒りの葡萄』に登場するそういう巡り合わせの悪い人たちは皆、いくら利用されたり、いじめられたりしても、いくらタフでハードな人間になっても、家族にだけは優しい。そこに小説の有意義なメッセージもあると幼いながらにわかっていたので、ずいぶん複雑な気持ちになったのだ。

「人間失格」太宰治（角川文庫／『人間失格・桜桃』所収）選／船曳建夫（東京大学教授）

こうした問いのアンケートに何度か応じたことがある。いつもは山口瞳の『江分利満氏の優雅な生活』と答えていた。今回、別の本を挙げるのは、それでは曲がない、と思ったのではない。心のどこかに、別の本が潜んでいるような、直感がしたのだ。

本、本……、と考えると、いろいろ出てくる。小さな頃に読み聞かされた『日本童謡集』は、感情教育としては決定的であった。ある漫画は、のちに海野十三のSF小説を漫画化したものと分かったのだが、ひねった回路でわが「ヰタ・セクスアリス」に多大な影響を残すこととなった。高校時代に通っていた教会の、二階の一番後ろで、ミサの進行を無視しながら少しずつ読み進めた『聖書』は、読み終わったとき、「旧約」は重い異物として、「新約」は温かさとして心に残った。受験時代に読んだ『源氏物語』は、読書の快楽の極致を教えてくれた。盲腸による入院生活で読んだラドクリフ＝ブラウンという人類学者の The Andaman Islanders は、平凡で陳腐でさえある学術書だが、それゆえにか、むしろ学問の落ち着いた喜びを教えてくれ、わが人生の方向を決定した。

それぞれ、思うところはある。しかし、わが人生に重要ではあっても、「心」の書とは言い難い。中では聖書がそれに近いが、聖書がわが心の書とは、さすがに面はゆい。そこで、自分でも意外なことに『人間失格』が浮かび上がる。この名前がなかなか出てこなかったのは、もちろんこれを「心の書」とするのが、聖書よりもよっぽど恥ずかしいからだろうが、と自己を客観視したつもりのついでに、それでもあえて挙げる理由、を考えてみる。

この特集に「心の書」として、太宰のこの小説を挙げる人はおそらくいないだろう。しかし、青春のある時期、『人間失格』に衝撃を受けた人は少なくあるまい。その衝撃の中身は何だろう？　周りに聞いてみると、言いよどんだのち、「自分のことのように思えたので」、と答えは返ってくる。さらに問い詰めると、その核心にあの「ワザ。ワザ」がある。読んだ人は誰でもそこは覚えている。人気者であろうとする主人公の振る舞いが、巧んだ道化であることを、クラスの劣等生に「ワザ。ワザ」と指摘されるところだ。青春の自意識で過剰にふくれあがった読者の心は、目の前のその箇所で釘付けになり、不意に背後から刺されるのだ。

しかし、それ以外、この小説についての記憶はだれもがあやふやである。いや、昔読んだので覚えていないが、要するに主人公が、人間として失格な行為を次々繰り返す……、そういった小説なのだ、と。そしていまはもう、それほど、うぶでもやわでもないので、あらためて読みたいとも思わない、というのが一般的な感想であろう。

そうだろうか。そうした、自分でも気づかぬ隠された虚偽が、他人であれ自分自身であれ

「赤裸々に」暴かれる小説に、この国の文学は困っていない。その中で『人間失格』だけがかくも長く読者を得ているのは、若い読者が次々と参入しては、ぎゃっと言って、傷が癒えては出て行く、だけではないような気がする。

私は、中学三年の夏休み、教科書に「名作」と挙げられていたので、ほとんど人生最初の小説として読んだ。読み終わり、本を置くと、夏の庭が暗くなっていた。読みふけって夕暮れになったのを、世界自体が暗くなったかと、虚を衝かれたのだった。それほど心奪われたのに、いや、それだからこそか、今回読み返して、私もほとんど覚えていなかったことに驚いた。「喜劇名詞、悲劇名詞の当てっこ」や、階段から階下をのぞき込むところなどは覚えていたが、ルバイヤットの訳詞、漫画家の生活、行き過ぎる女たち、シヅ子やシゲ子、それらを初めて読むような思いで、それでいて、今回も読んでいるそばから忘れてしまい、どのような女たちが現れたのか、いままた思い返そうとして、もう忘れている。

ただ、はっきり思い出したのは、かつて読んだときの、話の中を進んでゆくのだが、いま来たところを読むそばから忘れて、それでも振り返る気はなく、先に先にと気は急いて、しかし、どこに向かうかはわからない、「現在」しかない宙づりの感覚である。太宰の描く細部の嫌らしいまでの的確さと、転換の冴えは、そこにとどまって話のおもしろさを味わうためだけにあるのではなく、こうした無時間の感覚を読者に与え、それによって私たちは丸ごと持って行かれる。

　ただし、今回読み返して、この「丸ごと持って行かれる」とは、「心奪われる」読書の体験ではない、と分かった。ここに書かれている「赤裸々な事実」は実は、別にさほど重くない。そのようなことならば、ほかに、心奪われる「私小説」はたくさんある。また、心奪われる「物語」なら、『宮本武蔵』をはじめとしていくらもある。『人間失格』を読んだ「衝撃」は、主人公への強い自己同一化に隠されて、実は、小説を読むこと、そのものだったような気がする。それは、動き出したら止まらない時間というもの、それを、ずれていることを承知で表現すれば、人生の持つ条件としての「宿命」を知ることに似ている。それは決して、主人公の退廃、といった、小説の中の「内容」に関わったりするのではなく、自己自身の内側を歩む小説自体が持つ「方法」と言えばよいか。『人間失格』が私の心に、輪郭も細部もぼんやりしたまま残っていたのは、その自分を探る「方法」を習ったからだろう。

『エロ事師たち』野坂昭如（新潮文庫）　選／野村進（ノンフィクション・ライター）

　高校に入ってまっさきに買った本のことは、よくおぼえている。小沢昭一著『私は河原乞食・考』であった。

俳優の小沢昭一氏が、大道芸人や寄席芸人、ストリッパー、ゲイバーの経営者らへのインタビューをまじえながら、日本の芸能の原点について考察した一冊である。およそ入学したての高校生には似つかわしくないが、私は、そのうらさびしいような、世の中からおりたような、それでいてぬくもりが伝わってくる世界にあこがれてしまった。しみじみと心やすらぐのだった。

小沢氏が主演した今村昌平監督の『「エロ事師たち」より　人類学入門』の原作が、野坂昭如著『エロ事師たち』であると知り、近所の本屋で新潮文庫版を買い求めたのは、私にとってはごく自然ななりゆきであった。三島由紀夫や吉行淳之介らがこの作品を絶讃したことなど、むろん知るよしもない。

『エロ事師たち』の冒頭は、こう始まる。

> いかにも今様（いまよう）の文化アパート、節穴だらけの床板の大形（おおぎょう）なきしみひときわせわしく、つれて深く狎（な）れきった女の喘鳴（ぜんめい）が、殷々（いんいん）とひびきわたる。ときおり一つ二つ、言葉がまじる。
> 「な、何いうとんのやろ、もうちょいどないかならんか」
> スブやん、じれったげに畳に突っ伏し、テープレコーダーのスピーカーへ耳をすり寄せ

た。

隣部屋の房事を隠し録りしてエロテープにしようとたくらむ男たちの描写から始まるこの長編小説は、地の文と関西弁の会話とが渾然一体となった独特の文体で、最後まで綴られる。「エロ事師」を自称する、いまならさしずめ「裏もの師」と呼ばれるであろう男たちが、非合法な写真や映像の制作・販売から、〝処女〟の斡旋、乱交パーティーの主催まで、「エロ」にまつわるありとあらゆるビジネスをくりひろげるさまが赤裸々に描かれていく。

ダメな人は、はなからダメであろう。だが私は、書き出しから魅了された。この文体は体質に合うと思ったのだ。今回、おそらく二十数年ぶりに読み返してみたが、その印象はいささかも変わっていない。

なんとリズミカルな文章だろう。このたびも一気に読了した私は、「ほぅーっ」とため息をつき、思わず独りごちた、「こりゃ、天才だわ」と。

もっとも読みながら感じていたことは、高校生の当時とは違っている。かつては気づかなかったのだが、これは非常に技巧的な作品なのである。文章の構成にせよ、ひとつひとつの言葉の選び方にせよ、一見アトランダムのようでいて実は考え抜かれている。野坂氏は以前、「初めての小説なので見よう見まねで書いた」といった発言をしていたが、それは氏一流の照れが言わせた言葉であったのだろう。

中学生のころから漠然とだがジャーナリストを志していた私が、なぜこの作品にそこまで惹かれたのか。いまにして振り返ると、主人公「スブやん」（映画では小沢氏が演じた）の、

「リアリティあるやんか」

という口癖に、その理由が隠れているような気がする。本作はフィクションなのだが、登場人物たちの視線のありようは、むしろノンフィクション的なのである。たとえば、戦時中、大阪の空襲後に見た死体に関する、

「人間焼け死ぬと、身をまるめて丁度、母親の胎内におる時みたいなかっこなるねんなあ」

という述懐。あるいは、自ら主催した乱交パーティーをながめながらの、

「男の白いけつ、いうもんは、もくりもくりうごいて、ほんまあわれな感じのもんやでえ」

というスブやんのつぶやき。このあたりの観察眼に、自分と同質のものを私は感じとっていたらしいのである。

これをきっかけに、私は野坂作品を読みまくった。高校時代を通じて最もくりかえし読んだのは、まちがいなく野坂氏の小説なのである。

それから二十数年後、あるパーティーであこがれの作者と初めて対面した。

「あっ、高校時代から愛読してました」

緊張のあまり唐突にそう告げた私に、野坂氏は何と返答したらいいのか困ったような表情で、一、二度うなずいたきりであった。

ちなみに、私の某出版社での担当編集者は、奇しくも小沢氏の長男である。

『ラフォルグ抄』ラフォルグ（吉田健一訳・小澤書店）選／**青柳いづみこ**（ピアニスト・文筆家）

一冊の書によって影響を受けたことは、なかったような気がする。

私と本とのかかわりは、おそらく次のようなものだろう。ごく幼いうちに「私」というものは確立され、ただ、その「私」が「私」のままで生きようとするとさまざまなシーンで衝突するので、無意識のうちに、自分と同じようなものの感じ方、考え方、行動をする人物が出てくる物語やノンフィクションを求めて読むようになった——。

吉田健一の『ラフォルグ抄』（小澤書店）は、フランス象徴派の詩人ジュール・ラフォルグが、わずか二十七歳と四日の生涯の終わりまで書いていた『最後の詩』や『伝説的な道徳劇』の翻訳をおさめた書である。これらの詩や散文のどのページにも満ちている、善意のニヒリズムというようなものに、私は自分を代弁してもらっているような気持ちになる。

たとえば、『最後の詩』の「日曜日」という詩の次のくだりが好きでたまらない。

要するに、私は、「貴方を愛してゐます。」と言はうとして、
私自身といふものが私にはよく解つてゐないことに
気付いたのは悲しいことだつた。

そして、「余程暇な時でもなければ私自身といふものが信じられない私」が「夕方、一番美しい薔薇の花が散るのを／ただ見てゐなければならない棘と同じ具合に、／私は許婚(いひなづけ)が自然のなり行きで姿を消すのを／止めることが出来なかつた」というパラグラフを自虐的に反芻(はんすう)する。

このようにして私も、すべてのチャンスが自然のなりゆきで「私」を通りすぎるのをただ見てきたのだ。初恋もコンクール入賞もパリ音楽院留学も。

でもそれは、私が自分自身を信じていればおそらくゲットできたものだし、また、私が自分自身のことをわかっていれば、ゲットすることすら考えなかったものだろう。

チャンスはときに罠となり、挫折はごく稀にチャンスとなる。

少なくとも私がパリ音楽院への給費留学生試験を受けるべき年に病気していなかったら、大学院にすすんで修士論文を書くこともなかっただろうし、論文を書いていなかったら、フランス

近代の作曲家ドビュッシーに出会うこともなかったろう。

さらに、もし私がラフォルグに親しんでいなかったら、ドビュッシーの書簡を読んで次のような一節に反応することもなかったはずである。

ローマ留学中の一八八六年、ドビュッシーはパリの書店にさかんに注文の手紙を書いている。「以下の本をお送りください。ジャン・モレアスの『カンティレーヌ』と『ミランダ家の茶会』、ラップ訳の『シェリー全詩集』。「ヴォーグ」をありがとうございました。この中には、ステキに常軌を逸した連中がいます」

その年に創刊された「ラ・ヴォーグ」は、一八八四年刊行のヴェルレーヌ『呪われた詩人たち』とユイスマンス『さかしま』によってにわかに沸き起こった象徴派・デカダン派の潮流を反映させた、最先端の文芸誌である。

わずか一年しかつづかなかったこの雑誌のラインナップは恐るべきもので、ヴェルレーヌ『呪われた詩人たち・増補』やランボーの『イリュミナシオン』『地獄の季節』と並んで、ラフォルグの『伝説的な道徳劇』から「ハムレット」や「サロメ」や「ペルセウスとアンドロメダ」も連載されていた。

神話や伝説や古典のパロディともいうべき『伝説的な道徳劇』を私はどれほど耽読したことだろう。

アンドロメダは怪物と楽しく暮らしていたのに偽善者のペルセウスにそれを邪魔されて怒っている。サロメは七色のヴェールの踊りを踊るかわりに大演説をぶち、褒美として与えられたヨカナーンの首に電気ショックを与えて蘇生させる実験を試みる。

「ラ・ヴォーグ」を定期購読していたドビュッシーもまた、ローマでこれらを読んだのだ。読むばかりではなく、原稿のありかまで知っていたのだ。のちに先輩作曲家のショーソンから『伝説的な道徳劇』の手稿についてきかれたドビュッシーは、象徴派の機関紙「独立評論」の編集長が持っており、競馬で負けないかぎり手放さないだろうと答えている。

ドビュッシーの書簡には、ラフォルグからの引用が多い。彼の口ぐせだった「幸福マニア」は『月の独奏』からの引用だった。もうひとつの口ぐせ「虚無の製造工場」も、二度目の妻への呼びかけ、「私のいとしい人へ」もラフォルグの詩句からの無意識の引用だった。

こうして私は、ラフォルグを通して身近に感じていたメンタリティというものをドビュッシーの中にふたたび見いだした。そして、そのことによって、自分はドビュッシーを知る前からドビュッシーを知っていたのだということに――気付いたのだった。

『平家物語』 選／加藤恭子（（財）地域社会研究所理事）

幼い頃から、いつも父の書庫の本棚の間にすわりこんでいたという記憶が私にはある。広い家の中でも、私の本当の居場所はそこしかないと、感じていたのかもしれない。

仕事と社交で忙しかった両親とはほとんど顔を合わせず、弟二人と私は使用人たちに育てられた。弟たちには〝ばあや〟とよばれる乳母がいて、二人をしっかり守っていた。そのばあやが当時の表現による〝女中頭〟だったので、お手伝いたちの関心の的は弟たち。顔も性格もかわいくない私は、必要最小限の世話を受ける以外は放っておかれた。悪口をひそひそ声で、でもわざと私に聞えるように言い合うお手伝いもいた。食事はばあやの給仕で三人でしたのだが、弟たちともあまり口をきかなかった。人付き合いは苦手だった。

書庫には子供向けの本はなかった。政治経済、世界史や哲学書。文学では新潮社の『世界文学全集』や内外の作家の作品もあった。理解できるはずもない本をひろげ、私はただただ目を凝らしていた。

小学校は市電で通う女子校の初等科だったが、そこでも友だちはできなかった。だが教室の前の廊下に大きなガラス張りの本棚があって、ノートに名前と題名を書けば自由に借りることができた。そこで児童書を堪能した。

成績は、よくなかった。ことに数学がわからない。四年生になると宿題も忘れたりして、数学担当のA先生から放課後の居残りを命じられた。週に何回か、教員室へそっとノートを抱えて入って行く。A先生は厳しい表情で、「ほら、ここをまた間違えているでしょ。もう一度やり直し」と叱責なさる。他の先生方はちらとも私の方をごらんにならないけれど、私が数学落第生であることは明白だった。A先生の隣は五年の担任で数学の船津丸先生。四年生の教室前図書館の本を全部読んでしまった私は、五年生の本を借りていた。だから船津丸先生は私をご存知だった。ある日やり直しノートを抱えて人気のない廊下を歩いていると、船津丸先生が向うからいらして、壁に体を寄せ、「あなたは、本当は頭が悪いわけでも、やる気がないわけでもないのよね。本は好きなんですもの」と、そっとおっしゃった。私は先生のお顔を見上げた。「自分の得意なところをのばしてごらんなさい。どんな本を読んだらいいか、国語の先生にご相談してみますからね」

　そして二、三日後に、先生は「国語の先生は古典を読むようにとおっしゃるの。これは原文だから難しいけれど、あなたなら読めるでしょう」と、『平家物語』を渡して下さった。劣等生に、「あなたなら」とおっしゃったのだ。帰宅後、急いでその本を開いた。

「祇園精舎の鐘の声、諸行無常の響あり。娑羅双樹(さらそうじゅ)の花の色、盛者必衰(じょうしゃひっすい)のことわりをあらはす。奢(おご)れる人も久しからず、唯春の夜の夢のごとし」

　何という美しさ、そして響であろう。私は夢中になって音読し、暗誦を始めた。好きな文章は何でも暗誦してしまうくせがあったのだ。内容を理解したとは言えない。でも大体のことは感じ、惹き込まれた。「鱸（すずき）」「鹿谷（ししのたに）」など好きでない章は読むだけにして、あとは暗記した。ことに「福原落」の「昨日は東関の麓にくつばみを並べて十万余騎、今日は西海の浪に纜（ともづな）をといて七千余人、雲海沈々として青天既に暮れなんとす」の最後の部分は、涙をこぼしながら声を張り上げた。

五年生になると、数学担当は船津丸先生になった。ある日先生は、クラスで言われた。「今日は数学はやめましょう。このクラスにはすでに『平家物語』を読み、暗記までした生徒がいます。その暗誦を聞きましょう」

生まれて初めて、私は教壇に立った。将来何十年にもわたって職場となる、その場所にであった。「祇園精舎の鐘の声」にはじまり、幾つかの章を経て、最後は「寿永二年七月廿五日に平家都を落ちはてぬ」で終った。先生の拍手に、クラス全員の拍手が続いた。生徒だけになった教室で、「あなたの声って大きいのね」「朗々として」「『平家物語』はすばらしいわ」と、周囲から声がかかった。

ほとんど涙ぐみながら、私は幾つかのことを悟った。まず自分の声が大きく長時間続くこと。これは後に教師として最大の武器となるものだった。それから自分は本当に文学が好きなのだということ。古典を勉強し、大きくなったら国文科へ進もう。また、自分にも友だちができるのだということ。心を開きさえすれば……クラス全員の前に立ったとき、私は物怖じしなかった。案外強い、積極的な面が性格の中にあるのかもしれない、とも。

この経験は、劣等感ばかり強かった私に、〝自信〟とでもいうものを与えてくれた。船津丸花代先生のおかげである。

六年生になると太平洋戦争が勃発。女学校三年生で勤労動員。あの書庫も空襲で焼失した。だが今に至るまで、心の中では船津丸先生と『平家物語』を忘れたことはない。

『宮沢賢治詩集』宮沢賢治（角川文庫）選／中村稔（詩人・弁護士）

詩はもちろん、各分野の文学作品についても、また、私が生業としてきた法律関係の著書についても、ふかい感銘をうけ、蒙を啓かれた本は数多い。しいて一冊をあげるとすれば、『宮沢賢治詩集』をあげたい。宮沢賢治の詩作の全貌を知るには新校本全集または新修全集を読まなければならないが、その本質にふれるには、手前味噌だが、私が編集した角川文庫版詩集で足りるだろう。私はこれまで数回宮沢賢治の選詩集を編集してきた。そのたびに見落していた作品に気付き、新しい魅力を発見した。角川文庫版詩集には、六十余年彼の詩を愛読してきた私が、読者にどうしても読んで頂きたいと考える作品のすべてを収めている。彼の詩の世界はまことに豊饒であり、時代を超える普遍性をもっている。

はじめて宮沢賢治の詩に接した十七歳のころ、私は「原体剣舞連（はらたいけんばいれん）」に衝撃をうけた。「dah-dah-dah-dah-dah-sko-dah-dah」の囃子（はやし）の擬音を冒頭と末尾におき、途中にはさみ、

　こんや異装のげん月のした
　鶏（とり）の黒尾を頭巾（ずきん）にかざり
　片刃（かたは）の太刀をひらめかす
　原体村の舞手（おどりこ）たちよ

とはじまり、

　消えてあとない天（あま）のがわら
　打つも果てるもひとつのいのち

と終るこの作品は、私の思春期の煩悶が原体村の異形の舞手となって跳梁（ちようりよう）するかに思われた。

宮沢賢治が「心象スケッチ」と名付けた『春と修羅』を手にして真先に「原体剣舞連」に注目したのは私だけではない。中原中也もそうだったし、富永太郎もそうだった。

しばらくして私は『春と修羅』の頂点を妹トシの死の日の日付をもつ「永訣の朝」「松の針」「無声慟哭（むせいどうこく）」の挽歌三篇にみるようになった。ことに青ぐらい修羅の心と信仰とに引き裂かれ

た魂が、言葉なく慟哭する「無声慟哭」に感動した。やがて、当初は退屈に感じていた「小岩井農場」に陽光にあふれた野外を歩むかのような声調の魅力を覚えた。さらに宗教的心情が波濤のように寄せては返し、返しては寄せて盛り上る「青森挽歌」に心を揺すぶられ、「なにもかもみんなあてにならない」雨あがりの現象世界に、自然が示す美と豪奢をみる「過去情炎」に自然と時間の神秘を教えられた。

　知られるとおり、宮沢賢治は花巻農学校教師として農民の子弟に接し、やがて独居自炊の生活をはじめ、盛岡高農で学んだ農業技術により、農民を貧困から脱出させ、かつ、情操を豊かにするため、羅須地人協会の活動で農民に奉仕した。その献身的活動の過労から病を得、病中「雨ニモマケズ」を書いた。私は「雨ニモマケズ」に反撥し、彼の理想主義から生まれた「和風は河谷いっぱいに吹く」などの作を評価した。一方、彼の農業技術は農民の貧困を救うにはあまりに無力であった。富裕な商家の一族である彼は農民との間に越えがたい溝を実感した。「そのまっくらな巨きなものを／おれはどうにも動かせない／結局おれではだめなのかなあ」というふかい挫折感をほとんど涙する思いで読んだ。

　農学校教師時代以降の作品は『春と修羅』第二集その他の名称で整理されているが、私は第二集の「薤露青」「旅程幻想」などに青春の魂のざわめきのみごとな結晶を認め、羅須地人協会の体験による挫折感を克服し、心情を内省的、沈静にうたった「毘沙門天の宝庫」「穂孕期」

など多くの傑作に気付いた。たとえば「穂孕期」で彼は農民たちと観音堂へ「漂い着いた」。「眼路をかぎりの／その水いろの葉筒の底で／けむりのような一ミリの羽／淡い稲穂の原体が／いまこっそりと形成され」ている穂孕期、一行は「顔中稲で傷だらけにして」あんずをたべているのだが、彼には「みんなのことばはきれぎれで／知らない国の原語(ママ)のよう／ぼうとまなこをめぐらせば、／青い寒天のようにもさやぎ／むしろ液体のようにもけむって／この堂をめぐる萱むらである」とうたいおさめる。宮沢賢治は異邦人のように農民たちにまじり、現実を非現実のように感じて漂っている。美しいが、哀しく切ない作品である。

宮沢賢治は決して政治に無関心ではなかった。彼に「政治家」という詩がある。

あっちもこっちも
ひとさわぎおこして
いっぱい呑みたいやつらばかりだ
羊歯の葉と雲
世界はそんなにつめたく暗い

とはじまり、「けれどもまもなく／そういうやつらは／ひとりで腐って／ひとりで雨に流される／あとはしんとした青い羊歯ばかり／そしてそれが人間の石炭紀であったと／どこかの透明な地質学者が記録するであろう」という。いまの政治家が何を「呑みたい」かは別として、

「しんとした青い羊歯ばかり」の石炭紀が訪れないことを願う気持において、宮沢賢治も私も変りがない。

『日本唱歌集』（堀内敬三、井上武士編・岩波文庫）選／**芳賀徹**（元東京大学名誉教授・元京都造形芸術大学名誉学長）

毎年の大晦日に「紅白歌合戦」で唱われるような歌は、私には大の苦手だ。新しい歌も古い曲も毎回綺羅をつくして熱唱されているようだけれど、その歌詞も曲も私にはまるでちんぷんかんぷん、すぐに興醒めしてしまう。

ひとりででも、仲間や家族とでも、声にだして唱うならば、それは明治大正また戦前昭和の唱歌ないし歌曲に限る。小学唱歌も女学生唱歌もいいし、童謡やシューベルトの「野なかの薔薇」や「菩提樹」の類もいい。これらの歌を夕方でも夜中でもふと思い出して口ずさんでいると、ああ私の心のふるさとはこの唱歌のなかにこそあるとの思いが、からだの底のほうから湧いてくる。

タイル張りの風呂場は声のひびきがいいので、湯につかりながら時に独吟するのだが、いつのまにかよく唱っているのは「海ゆかば」。これをゆっくりと朗々と唱っていると、あの大陸と太平洋の戦争で、黙々として「お国のために」死んでいった兵隊さんたちの後姿が遠くに見えてくるような気さえする。

これらの日本人の心の歌をよく選んで収めているからこそ「わが心の書」、少くともその一冊といえるのが、堀内敬三・井上武士編の岩波文庫『日本唱歌集』だ。「海ゆかば」の名曲が入っていないのだけが残念だが、他は明治の小学唱歌「螢の光」や「蝶々」から戦前昭和の「ウミハヒロイナ、大キイナ」や「オウマノオヤコハ、ナカヨシコヨシ」の文部省唱歌にいたるまで、美しい曲なつかしい歌が、大半は楽譜つきで、実にみごとに収録されている。すべてに出典とその年代が註記されているから、この一冊で明治以後の近代日本の音楽教育史、のみならず近代日本人の感性と情操の歴史までを窺う(うかが)こともできる。

いま私の手もとにある文庫本は昭和三十四年(一九五九)二月の第五刷で、初刷はその前の年の十二月とあるから、当時からよく売れたのだろう。まさに半世紀前の文庫本で、わが家では亡き両親以来の愛唱歌集でもあったから、全体が茶色に古び、セロテープで貼りなおした表紙はまたとれかけ、扉と目次の何頁分かがなくなっている。

スコットランド民謡に曲を借りたという「夕空はれてあきかぜふき」(故郷の空)でも、滝廉太郎作曲の「春のうららの隅田川」(花)や「箱根の山は天下の険」(箱根八里)、あるいは高野辰之作詞の「菜の花畠に入日薄れ」(朧月夜)でも、なんと古典的で美しい歌詞であり曲であることか。これらをわずかでも口ずさむと、親子も孫も友達も一緒になって唱ったときのわが家の古い茶の間の様子が彷彿としてくる。

なかでも私が好きで、この文庫本でしばしば歌詞を確めて唱ったのは、そしていまも春を待ちかねる頃になれば唱うのは、吉丸一昌作詞の「早春賦」（大正二年）だ。

一、春は名のみの風の寒さや…

二、氷解け去り葦は角ぐむ…

三、春と聞かねば知らでありしを…

春近い頃の日本人の胸のときめきを、中田章の曲に乗せて、これ以上ないほどに切々と言いあらわしている。「葦は角ぐむ」などというのは、平安朝の勅撰集以来のもっとも美しい雅語の一つだ。私はよく一番の「谷の鶯歌は思へど」が「歌を思へど」ではなかったかどうか怪しくなって、文庫本『日本唱歌集』でチェックしたりしたのである。

作詞家吉丸一昌は大分県の臼杵出身なので、いまも同県では早春の一日、この唱歌を大コーラスで合唱するそうだ。前知事の平松守彦氏は毎回その合唱に参加するとのことだが、氏は歌詞三番の「聞けば急かるる胸の思を　いかにせよとの　この頃か」が、早春の心だけではなく初恋の切なさをも伝えているようで一番好きだ、とあるとき私に語った。

十年前、私は某新聞の日曜版に「詩歌の森へ」と題して、日本の古代から近代にいたる古典詩歌の鑑賞エッセイを連載していた。その折、読者たちから一番強い共鳴の声が寄せられたのは、佐佐木信綱作詞・小山作之助作曲の唱歌「夏は来ぬ」（明治二十九年）を取り上げたときだった。

うの花のにほふ垣根に、時鳥（ほととぎす）
早もきなきて、忍音（しのびね）もらす　夏は来ぬ。…

この歌や「早春賦」を典型として、近代日本の唱歌と歌曲は、古代中世の古典詩歌以来この国に蓄えられてきた四季のうつろいの美を讃える列島住民の感情表現のゆたかさを、西洋風の曲の調べに乗せて新しい少年少女たちに伝達しようとする試みであった。近代化途上に不可欠なこの文化的ナショナリズム育成の努力は、文部省と詩人と音楽家たちの親密な協力によって成功し、私たちにまで手応えたしかにとどいた。そのことを評価し、これに深く感謝しなければならない。

岩波文庫『日本唱歌集』はこの歴史的過程をよく示しながら、いまは古典ともなった日本の唱歌の美しい言葉と旋律に満ち満ちている。編者の一人井上武士氏は、「ウミ」などの作曲者だが、実は私の戦時中の小中学校の音楽の先生であり、毎年の私の通信簿にただ一つの「良」や「可」をつけたこわい先生でもあったのである（なお、『日本唱歌集』では新仮名表記のところを、本稿では旧仮名に戻して引用した）。

第五章　縦横無尽に面白い時代小説50冊

山本一力（作家）×縄田一男（文芸評論家）×本郷和人（東京大学准教授）

縄田　書店で文庫本の棚を眺めると、歴史小説・時代小説が多くのスペースを占めていることに気付きます。そこには戦前に書かれたような超ロングセラーもあれば、新鋭の最新作もあります。信長、秀吉、家康という天下人もいれば、渡世人や遊女もいる。不羈（ふき）奔放な想像力を広げた伝奇小説からリアルな生活感に充ちた市井ものまで、実に多様な世界が広がっている。
今日は、そんな歴史・時代小説の魅力を縦横に語りたいと思います。

本郷　歴史小説の大きな魅力として、ひとつは過去という異世界をのぞかせてくれること、もうひとつは小説家のインスピレーションで、歴史を意外な角度からすぱっと輪切りにしたり、高いところから俯瞰してみせてくれる快感、そして、その時代を生きた人間の姿を感じさせてくれることだと思います。私も歴史研究者の一人なのですが、歴史の見方を面白く教えてくれるという点では、残念ながら歴史研究者は小説家にまるでかなわない。

その理由のひとつは、人物研究の手薄さにあります。特に戦後の日本史学界はマルクス主義的な唯物史観が支配的だったために、歴史の主人公は名もない農民であり、英雄なんかは歴史には要らない、という風潮が強かった。戦国史といっても、信長こそちょっとは出てきますが、武田信玄、上杉謙信は登場しない。だから、はっきり言って全然面白くないんですよ、人間が語られないから。

私の場合、歴史の面白さに目覚めたきっかけのひとつは、ＮＨＫの『日本史探訪』という人物に光をあてる番組でした。

山本　ありましたね。本郷さんは何年生まれですか。

本郷　昭和三十五年生まれです。

山本　じゃあ、私とちょうど一回り違う。小学生で歴史に目覚めたわけですね。

本郷　始まったのが昭和四十五年ですから、私が小学校の高学年の頃です。毎回、「淀君」とか「西郷隆盛」などが取り上げられ、様々な論者がそれぞれの立場で、丁々発止の論戦を展開するのですが、海音寺潮五郎さんをはじめ、作家の方々の活躍が圧倒的に記憶に残っています。

縄田　ほかに作家では司馬遼太郎さん、松本清張さん、永井路子さん、杉本苑子さん、歴史学者だと奈良本辰也さんあたりが常連で、意外なところでは湯川秀樹さんなども出演するなど、まさに錚々（そうそう）たるメンバーが顔を揃えていましたね。

学者も舌を巻いた新説

本郷　今でも強く印象に残っているのは、川中島の合戦で勝ったのは信玄か謙信か、というテーマで、海音寺さんと新田次郎さんがまさに白熱のバトルを繰り広げた回です。私は、海音寺さんが川中島を描いた『天と地と』をボロボロになるまで愛読していたので、夢中で見ました。

縄田　上杉びいきの海音寺さんに対して、信濃出身の新田さんは、断然、武田側に立つ。新田さんの大作『武田信玄』はまさに故郷への思いのこもった一作といえるでしょう。

地元びいきといえば、薩摩出身の海音寺さんには、西郷さんへの長大なラブレターともいうべき『西郷隆盛』という未完の大作があります。なにしろ周りには西南戦争を実際に体験した人々がいっぱいいるような環境で生まれ育った人ですから。

山本　ああ、薩摩人の血がたぎったんだなあ。

本郷　海音寺さんは史料の読解力もすごい。特に印象に残っている作品は、『列藩騒動録』に収められている「阿波騒動」で、上杉鷹山になり損ねた男として、蜂須賀重喜という殿様を取り上げている。目配り、歴史観の鋭さはもちろん、考証の確かさでも、凡百の歴史学者はとうてい及びません。

歴史学者も舌を巻く学識、ということでいえば、永井路子さん。彼女が凄いのは、たとえば鎌倉時代の史書『吾妻鏡』をきちんと読みこなし、史料批判まで出来てしまうところ。『炎環』では三代将軍・源実朝暗殺の真犯人は相模の豪族、三浦氏ではなかったか、という新説を提出しましたが、歴史学者からも、説得力に富んだ説だという感嘆の声が上がりました。

山本　え、小説で書いた仮説が、学者をも納得させてしまった、ということ？

本郷　そうなんです。その歴史学者は石井進といって、私の師匠でもあるのですが。

縄田　『炎環』は、『吾妻鏡』を精読して、これは勝者である北条氏に都合が良く書かれた歴史ではないか、という視点で書かれています。永井さんはそうした着想を、戦時中の大本営発表から得た、と書いている。権力者によって作られる歴史に対する疑念が、歴史観の核になっているのです。

本郷　歴史考証の確かさやそこから生まれる深みという点では、綱淵謙錠さんはもっと読まれていい。一作といえば、やはり処女作で直木賞受賞作でもある『斬』。首斬り役を務めた山田家の歴史を見事に描いた。

縄田　綱淵さんは森鷗外的な史伝の系譜に連なる重要な作家だと思うんです。その流れで落とせないのは、滝口康彦さん。

本郷　私も大好きな作家です。武士という、現代では存在しない人々が何を考え、どういう原理で生きていたか、というのは、歴史小説の醍醐味だと思うのですが、滝口さんは武家社会の不条理を描き続けた。

縄田　映画『切腹』の原作となった『異聞浪人記』は、まさにその不条理のひとつの極限を描いたものですね。食い詰めた浪人が、武家屋敷の門の前で切腹すると称して、いくばくかの金をせしめることが流行っていたなか、井伊家の屋敷を訪れた浪人が本当に切腹させられてし

歴史・時代小説必読の50冊

中里介山『大菩薩峠』（ちくま文庫・品切れ）
岡本綺堂『半七捕物帳』（光文社文庫）
大佛次郎『赤穂浪士』（新潮文庫・品切れ）
子母澤寛『新選組始末記』（中公文庫）
長谷川伸『瞼の母』（国書刊行会・品切れ）
野村胡堂『銭形平次捕物控』（光文社文庫・品切れ）
吉川英治『宮本武蔵』（新潮文庫）
海音寺潮五郎『茶道太閤記』（文春文庫・品切れ）
山手樹一郎『夢介千両みやげ』（講談社文庫）
村上元三『佐々木小次郎』（講談社文庫・品切れ）
山岡荘八『徳川家康』（講談社文庫・品切れ）
五味康祐『柳生武芸帳』（文春文庫・品切れ）
柴田錬三郎『眠狂四郎無頼控』（新潮文庫）
松本清張『かげろう絵図』（文春文庫）
山本周五郎『赤ひげ診療譚』（新潮文庫）
杉本苑子『孤愁の岸』（講談社文庫）
永井路子『炎環』（文春文庫）
古川薫『吉田松陰の恋』（文春文庫・品切れ）
司馬遼太郎『燃えよ剣』（新潮文庫）
新田次郎『武田信玄』（文春文庫）
池波正太郎『鬼平犯科帳』（文春文庫）
早乙女貢『会津士魂』（集英社文庫・品切れ）
綱淵謙錠『斬』（文春文庫・品切れ）
笹沢左保『木枯し紋次郎』（光文社文庫・品切れ）
滝口康彦『異聞浪人記』（河出文庫）

山田風太郎『警視庁草紙』（角川文庫）
平岩弓枝『御宿かわせみ』（文春文庫）
藤沢周平『蟬しぐれ』（文春文庫）
中村彰彦『五左衛門坂の敵討』（角川文庫・品切れ）
隆慶一郎『影武者徳川家康』（新潮文庫）
吉　村　昭『桜田門外ノ変』（新潮文庫）
安部龍太郎『血の日本史』（新潮文庫）
白石一郎『戦鬼たちの海』（文春文庫・品切れ）
宮城谷昌光『晏子』（新潮文庫）
飯嶋和一『始祖鳥記』（小学館文庫）
池宮彰一郎『四十七人の刺客』（角川文庫・品切れ）
宮本昌孝『剣豪将軍義輝』（徳間文庫）
澤田ふじ子『惜別の海』（中公文庫・品切れ）
諸田玲子『空っ風』（講談社文庫・品切れ）
乙川優三郎『生きる』（文春文庫）
佐伯泰英『密命』（祥伝社文庫・品切れ）
宇江佐真理『幻の声』（文春文庫）
山本一力『あかね空』（文春文庫）
佐々木譲『武揚伝』（中公文庫）
荒　山　徹『高麗秘帖』（祥伝社文庫・品切れ）
火坂雅志『天地人』（文春文庫）
浅田次郎『壬生義士伝』（文春文庫）
加　藤　廣『信長の棺』（文春文庫）
宮部みゆき『孤宿の人』（新潮文庫）
松井今朝子『吉原手引草』（幻冬舎文庫）

まう、という話なのですが、この浪人は刀などとうに売り払って、腰にあるのは竹光だけ。そして、なんとその竹光で切腹させられ、苦悶の末に死んでいく、という凄惨な物語です。

山本　私もこの映画は何回観たかわからないくらい繰り返し観ました。初めて見終わったときの、ぐったりとした気分は今も忘れられない。侍を描く難しさを痛感させられる作品ですね。作家として思うのは、侍というのは生半可な気持ちではとても書けない。あの死生観、美学が自分のなかで腑に落ちなくては筆が執れないのです。だから、武家ものはまだ数編しか書けていません。

本郷　滝口作品では、やはり映画『上意討ち』の原作となった『拝領妻始末』、薩摩藩の暗部を描いた『遺恨の譜』も忘れがたいですね。

敗者の歴史を掘り起こす

縄田　日本の歴史小説の傑作をみていくと、大きな特徴のひとつは歴史の敗者、負け組に目を向けた作品が少なくないことです。

本郷　確かに歴史学にとって、敗者の歴史というのは大きな弱点です。先ほど「歴史は勝者の記録に過ぎない」という話が出ましたが、確かにそういう面はあって、公式の歴史というのは、権力を握った側に都合がいいように、史料が集められ、残されていく。そうした失われた歴史に着目し、掘り起こしていったのは歴史小説の非常に大きな功績であり、面白さですね。

縄田　なかでも、特筆すべきは子母澤寛でしょう。新聞記者でもあった子母澤寛は、幕末維新を体験した古老たちに聞き書きを重ね、『新選組始末記』をはじめとする作品を生み出していった。俠客物にしても、現地での取材や資料集めを随分やっていますね。

本郷　子母澤さんの小説を読んでいると、聞き書きによって掘り起こされた事実の凄みに裏打ちされていることがよくわかります。『新選組始末記』でも、斬首された近藤勇の体がどこに埋められたか探り出して、持ち帰る話など、非常にリアルです。

山本　私は浅草の銭湯で知り合った、彫り物背負った親分から、「一力さん、子母澤寛読みなよ。男の熱い血が流れている」と薦められたことがあります。子母澤さんは生まれも幕臣の流れをくんでいたんでしたね。

縄田　おじいさんが上野の彰義隊で戦い、五稜郭で敗れ、そのまま北海道に住みついた人で、子母澤さんはこのおじいさんに育てられました。

山本　やっぱり血の中に流れているものがあるんですね。

縄田　それから長谷川伸の『相楽総三とその同志』も、西郷や岩倉の支援を受けて戦いながら、最後には偽官軍として死に追いやられた赤報隊を取り上げ、綿密な調査によってその名誉回復を訴えたものです。

本郷　実は、私も下っぱ御家人の血を引いていまして、子供の頃、親に上野動物園に連れて行ってもらったときも、西郷さんの銅像ではなくて、その隣の彰義隊のお墓で頭を下げさせられました。

縄田　すみません、私は長州なんです（笑）。

山本　今日は長州、土佐と旧幕府が顔を合わせたわけだ。

本郷　母親に真顔で、「結婚するなら、薩長土肥だけはやめてね」と言われたこともあります。

山本　じゃあ、会津の娘なら大歓迎ですね（笑）。

本郷　残念ながら、そうなりませんでしたが。

縄田　会津を描いた小説といえば、早乙女貢さんの『会津士魂』を逸することはできません。明治維新など薩長土肥の非道な政権簒奪に過ぎないとして、正続合わせて二十一巻にも及ぶ雄編を著しました。

山本　これもルーツである会津をこよなく愛する早乙女さんでなければ書けない作品でしょう。文藝家協会の理事会などで早乙女さんとお会いする機会があったのですが、いつも着流しで、寡黙な人なんですよ。そして、食事の時には本当に美味そうに、楽しそうに食べる。

縄田　私は何本か、文庫本の解説を書かせてもらったのですが、ある日、「すまんなあ、きみ、長州だろう。もう書いてもらうわけにはいかんのだよ」と言われました（笑）。その後も、私のような若輩にも礼儀正しく接していただきました。
敗者の歴史という点では、村上元三も重要な作家ですね。終戦間もない昭和二十四年に『佐々木小次郎』を書き、その後に『新選組』を書きます。これは土方歳三に重要な役割を与えた最初の小説なのですが、さらに続けて『足利尊氏』を書く。
山本　なるほど、負け組というか、戦前、評価されなかった人々を次々に取り上げていたわけですね。
新選組といえば、私が子供の頃にチャンバラごっこをすると、なぜか新選組が正義の味方だったんですよ。誰が近藤をやるか決めるのに大変な騒ぎだった。これはやっぱり戦争に負けて、敗者の側だった新選組がヒーローとして浮上したんでしょうか。
縄田　確かに戦前は、新選組というと大佛次郎『鞍馬天狗』の悪役というイメージですからね。
本郷　実は、私、司馬作品で一番好きなのは『新選組血風録』と『燃えよ剣』なんです。
縄田　まったく同感です。ことに『燃えよ剣』は躍動感に溢れていて、主人公の土方歳三の男の美学にしびれます。司馬さんはよく「女を書くのは苦手だ」と言われましたが、土方の恋人お雪がまたすごくいい。

本郷　最近の作家だと、佐々木譲さんが榎本武揚を主人公にした『武揚伝』などを書かれていますね。これも非常に面白くて、幕府の一種の先進性を強調している。ことに最先端のテクノクラートは、榎本武揚をはじめとして幕府側の方が多くて、維新後の明治政府も、彼ら旧幕臣に頼らざるを得なかった。

縄田　佐々木さんは『くろふね』などでも、勝海舟などをきわめて老獪なクセ者として描いていたり、龍馬を商才のあるメッセンジャー・ボーイと捉えているのも面白い。視点を変えると、歴史も違って見えるという好例です。

土佐人の見た「龍馬」

本郷　坂本龍馬のことを考えると、つくづく小説の持つパワーを思い知らされます。というのも、いま、ほとんどの日本人が抱いている「薩長同盟の実行者」、「日本で初めての株式会社の設立者」、ひいては「明治維新の立役者」といった坂本龍馬像の大半は、司馬さんの『竜馬がゆく』によって作られたものだといっていい。しかし、冷静に歴史研究という観点で見た場合、大きな歴史の流れの中で、本当に特筆すべき龍馬の業績と呼べるものは、かろうじて「船中八策」が検討の対象になるくらいです。西郷や勝のメッセンジャー・ボーイという見方は、あながち間違いではない、ともいえる。いま、人々が愛している坂本龍馬は、小説の登場人物としての龍馬なんです。

山本　いや、私は高知に生まれ育ったものですが、今のお話は、実は大いに腑に落ちるところがありますね。

というのも、私が子供の頃、『竜馬がゆく』が書かれる以前には、まだ坂本龍馬は非常にローカルな存在だったんですね。桂浜にはもう銅像が建っていて、遠足に行って見たりしていましたが、その業績についてはほとんど語られていなかった。そもそも「りょうま」と読むのか「りゅうま」と読むのか、という議論まであったくらいで。土佐の偉人でいえば、山内一豊や、江戸初期の家老でいち早く藩政改革に取り組んだ野中兼山という人たちの方が有名だったんです。

縄田　たしかに戦前、龍馬を扱った作品は講談もしくは小説でも有名なものは僅か二、三篇あるのみで、映画でも阪東妻三郎が二本撮っているだけだと思います。戦後も、かろうじて織田作之助が寺田屋の女将とのかかわりを、「蛍」という短編で書いているくらいです。

山本　阪妻が龍馬をやっているんですか。

縄田　一本目が『坂本龍馬』というサイレント映画で、このシナリオでは「りゅうま」となっています。その後、戦中に『維新の曲』という超大作で、阪妻が龍馬を演じている。桂小五郎が市川右太衛門、西郷隆盛が片岡千恵蔵、徳川慶喜が嵐寛寿郎という豪華キャストでした。

山本　それくらい地味な存在だった龍馬が、『竜馬がゆく』で一挙に全国区の大有名人になるんですね。すると、それまで土佐という一地方の志士として龍馬と付き合ってきた土佐の大人たちは、その高い評価に喜びながらも、「あれはちょっと違うぜよ」とか言っていた。つまり、本郷さんが言われたように、メジャーになった龍馬はどうも偉すぎるんです（笑）。

よく龍馬は武士の身分制社会を超える新しい社会を構想していた、といわれますが、そもそも龍馬の実家はものすごい富裕な商家なんですね。土佐藩の重臣が元日、年賀に来た、という家です。だから、威張ってはいるが実際には金もない上士たちを重んじないのも当然なんですね。おそらく本当の意味での、経済的な苦労は味わっていない。

縄田　なるほど、そういう金持ちのボンボンだと捉えると、まったく違った龍馬像が見えてきますね。

本郷　ただ歴史研究もだらしなくて、たとえば戦国時代、ことに戦国武将の研究というのは他の時代に比べて手薄なんですよ。それは、歴史学者がいくら頑張っても、面白さやアピール力で司馬遼太郎を超えられないからではないか、というのが、私の説なんです（笑）。いくら史料にはこう書いてあります、と言っても、小説に描かれた武将や志士たちの魅力、説得力に全然かなわない。

山本　小説の作り出した人物があまりに魅力的で、みんなが完全に信じ込んでいるという点では、吉川英治さんの『宮本武蔵』。あれを読めば読むほど、私たちが宮本武蔵と聞いて思い浮かべるものは、ほとんど吉川さんが作り出したものだな、と痛感しますね。

本郷　まさに司馬版坂本龍馬と並ぶ、歴史小説が生み出した最強キャラといっていいでしょう。吉川版武蔵を下敷きにして描かれたマンガ『バガボンド』は超ベストセラーですから。

山本　武蔵の前半生というのは、実際にはよくわからないんですね。諸説が入り乱れている。

本郷　剣豪はほとんどそうですね。有名になるまでの経歴は、本人の申告以外、何のデータもないことが多い。また、武蔵がいくら強くても歴史の流れにはほとんど何の影響もないので、歴史研究の対象とはならないんです。

縄田　『宮本武蔵』と『竜馬がゆく』に共通しているのは、ともに青春小説の側面を持っていることでしょう。求道的な『宮本武蔵』は戦時中の、生きることが死ぬことと直結していた時代のストイックな青春に影響を与え、『竜馬がゆく』は自分の可能性をどこまでも広げようという、戦後世代の青春の謳歌を象徴する作品だった。

本郷　ソフトバンクの孫正義さんが熱烈な龍馬ファンだというのもうなずけますね。

昭和の世相と捕物帳

縄田　当たり前のことですが、どんな歴史小説、時代小説も、現代の作家が書いて現代の読者が読む。そこに当然、作品の書かれた時代が反映します。

たとえば捕物帳と股旅ものといえば、まったく別のジャンルのように思えますが、どちらも大正の終わりから昭和の初めに隆盛を迎える。それは、当時の時代状況と密接な関係があると、私は考えます。

捕物帳の嚆矢といえるのは、岡本綺堂の『半七捕物帳』ですが、この第一作は大正六年に書かれています。明治五年、徳川御家人の長男として東京に生まれた岡本綺堂の周囲には、まだかつての江戸が濃厚に残っていた。だから、『半七捕物帳』は、失われた江戸をリアルに再現しえたのです。

山本　話自体も、岡っ引きの半七老人の昔語りですね。くどくどしい描写などはなくても、見事に江戸の空気が伝わってくる。

縄田　ところが、大正十二年の関東大震災によって、〝名残りの江戸〟も潰滅し、新たに地方から大量の人口流入が起ります。すると、捕物帳も大きく変わる。それが、『右門捕物帖』（昭和三年）であり、『銭形平次捕物控』（昭和六年）でした。この二作は、『半七』に比べ、まず時代考証が相当にいい加減です。『平次』は、初めは寛永年間（一六二四―一六四四年）を舞台にしていたのですが、次第にずれて来て、最終的には文化・文政（一八〇四―一八二九年）頃の風俗でだいたい落ち着きます。

山本　二百年も時代が離れちゃったんだ（笑）。

縄田　『平次』は、ある時期からは、いったい何年の話かまったくわからなくなりますね。それで平次も八五郎もお静も歳を取らない（笑）。どうして、こういうことになるかというと、まず作者自身がかつての江戸を知らない。『右門』を書いた佐々木味津三は愛知出身、『平次』の野村胡堂は岩手県生まれと、どちらも地方出身者なんです。

さらに、読者も地方から上京した新・都市住民が多数を占めるようになった。そこで『右門』や『平次』が描く「幻想の江戸」が受け入れられたのです。野村胡堂ははっきり『平次』は善意の罪びとは許す「法の無可有郷（ユートピア）」を描くと宣言しています。

本郷　それに似ているのが、古典落語の世界。あれも、お金の単位が一両だったり一円だったり、お殿様がいたり人力車が出てきたり、と噺によって相当、時代が異なるはずですが、なんとなくみんなまとめて「江戸」だね、ということになっている。

縄田　面白いのは、同じく震災以後、長谷川伸の『瞼の母』や子母澤寛の『弥太郎笠』といった股旅ものが隆盛します。これは、いずれも故郷を捨てた渡世人の話です。地方から都市に出てきた新・都市住民にとって、捕物帳が都市への憧れならば、股旅ものは故郷を離れて暮らさざるを得ない郷愁や悲哀の代弁だったと思うのです。

山本　なるほど、コインの表と裏の関係なのか。

縄田　また昭和初期というのは、権威や秩序を認めないばかりか、正義や生きる価値さえ疑っているようなニヒリスト型のヒーローが人気を博す時代でもありました。その代表が、林不忘が描いた隻眼隻手のシニカルな剣客、丹下左膳であり、大佛次郎『赤穂浪士』に登場する、「目の前に灰色の壁が立ち塞がっているような」重苦しさから逃れられず、最後には辻斬りに身を落としてしまう堀田隼人です。彼らのような虚無的なヒーローが、昭和恐慌の暗い世相の中で人々の強い支持を受けた。戦後、この系譜を継ぐのが、柴田錬三郎の生み出した眠狂四郎です。

本郷　私、実は中学受験のころに、『眠狂四郎』をよく読んでいたんです。柴田さんは『三銃士』や『名探偵ホームズ』などの少年向けのリライトなども手がけていて、小学生でも名前は知っていたんです。それで夜、塾に行くとき親に渡された夕食代で、ふと『眠狂四郎』を手に取ったらたいへんに大人の小説だった（笑）。

山本　柴錬を読む小学生。それは早熟だ（笑）。

戦争の巨大な影

縄田　眠狂四郎は転び伴天連(ばてれん)と日本人女性の間に生まれたという設定で、刀を武士の精神などとはまったく思わない、女はすぐに犯す、といった悪の魅力を持つ剣士として描かれています。私は、ここには柴田さんの戦争体験が影響しているのではないか、と思うんですね。柴田さんは昭和十七年に召集され、台湾とフィリピンの間にあるバシー海峡で乗っていた船が撃沈、七時間の漂流の後、奇跡的に救出された、という体験をしています。だから、作品の中でも、たとえばお家のために、つまりは国家のために、といった人間の一生を決定してしまうような価値観に対して、そんなもの信じられるのか、という視点が非常に強く打ち出されている。

　戦後の時代小説には、様々なかたちで戦争が巨大な影を落としています。杉本苑子さんの直木賞受賞作『孤愁の岸』は、幕府から岐阜・輪中（わじゅう）地帯の治水工事という難事業を命じられた薩摩藩の苦闘を描いたものですが、とにかく薩摩藩士たちが病に倒れたり、事故の責任を負って切腹したりと、次々に死んでいくんですよ。それを杉本さんは、学徒出陣を見送った自分の立場と重ね合わせているんです。意外なところでは、戦後間もなくに書かれた山手樹一郎さんの『夢介千両みやげ』。豪農の息子の夢介が千両担いで、江戸へ花嫁を探しにやってくる、という夢いっぱいの小説なのですが、たとえば、貧しさゆえに不良化している江戸の子どもたちに腹いっぱい米をたべさせてやりたい、と夢介が思う場面などに、終戦直後の食糧難が反映しています。

本郷　山手さんの小説も、塾の帰りによく読んだなあ。『桃太郎侍』とか、本当に明るくて、幸せな気持ちになりますね。

縄田　隆慶一郎さんと池宮彰一郎さんも、それぞれ痛切な戦場体験を持っていました。隆さんは陸軍士官として中国を転戦し、池宮さんにいたっては満州で陸軍に徴兵された後、南方に送られ、九割が戦死したというペリリュー島逆上陸作戦に参加する。その後、台湾に引き上げる際にも輸送船が撃沈されるという、にわかには信じがたいほどの苛酷な経験をしています。

興味深いのは、二人とも嫌いな言葉として「人の命は地球より重い」を挙げていたこと。もちろん戦場では、「人の命は地球より重い」などという言葉は、何の意味もない。だが、命の捨てどころ、使いどころというものは確かにある、というのです。特に池宮さんの作品にはそれがストレートに出ていますね。

本郷　私も池宮作品の大ファンで、特に『四十七人の刺客』は夢中になって読みました。経済に明るく女好きの家老だった大石内蔵助が仇討ちを決するや、冷徹な殺戮の指揮官に徹し、吉良・上杉連合に徹底的に情報戦を仕掛け、周到な戦争準備を行なうくだりはきわめて印象的です。

縄田　それから戦前に書かれたもので落とせないのは、海音寺潮五郎の『茶道太閤記』です。そこで海音寺は、千利休が豊臣秀吉から切腹を命じられたのは朝鮮出兵を批判したからだ、と書いたのですが、この小説が書かれたのは昭和十五年、日中戦争のまっただなかだった。

山本　利休に仮託して、軍部批判を行なったわけですね。

縄田　そうなんです。このとき、千利休は一介の茶坊主ではないか、それと一国の英雄を対等に描くとは何事か、という激しいバッシングが起きて、新聞連載も充分なかたちで完結しなかった。戦後になって、木村荘十から「よくあそこまで書いたよ。ぼくはひやひやしながら見ていた」と言われた、と海音寺自身が記していますね。

本郷　山本さんにうかがいたいのですが、作家として同時代に対する思いというのはやはり作品に反映するものですか。

山本　私の場合は、ひと呼吸おかないと小説は書けませんね。今の時代に対する怒りをそのまま出せば、もう小説ではなくなってしまう。自分の中で全く別の形に昇華した上でないと。

縄田　以前、山本さんが松本清張さんの『かげろう絵図』を歴史・時代小説のベスト3に挙げておられましたが、『かげろう絵図』の寺社奉行・脇坂淡路守謀殺のくだりは、下山事件を念頭に書いたそうです。昭和三十三年に『かげろう絵図』を書いて、三十五年から『日本の黒い霧』を書き始めるんですね。

山本　なるほどね。『日本の黒い霧』、それから『昭和史発掘』も夢中になって読みました。そうした現代に対する目線と、過去への洞察がつながっているんですね。

『かげろう絵図』は私が時代小説のとりこになったきっかけで、清張さんの現代作品を片っ端から読んでいった挙句、ついに読むものがなくなって時代小説に手を伸ばした、というのがそもそもなんですが、読んでみると、これがまさに清張流の権力闘争ドラマなんですね。『かげろう絵図』と『天保図録』は対をなす作品といっていいと思いますが、大御所として権力を握る徳川家斉と、それに取り入り、自らが実権をふるおうとする人々の生態を生々しく描いている。特に悪役の鳥居耀蔵の凄みは印象的でした。

縄田 歴史小説と現代のかかわりで、最後に面白い例を挙げますと、山岡荘八の『徳川家康』。もともと山岡さんは、当時の冷戦構造を踏まえて、あの長大な小説を書いた、というんですね。新興勢力・織田がソ連で、京文化に憧れる今川がアメリカ、そして弱小国・三河を日本なんだ、と。

本郷 小国が生き延びるには、一にも二にも辛抱だ、というわけですか。

縄田 ところが、途中から読まれ方が変わってきた。経営者には我慢が必要だ、とか、いかにして部下を掌握するか、出世するにはどういう上司につけばいいか、といったビジネスマンの副読本として読まれるようになった。

山本 ちょうど私が新米サラリーマンだった頃に、山岡さんの『徳川家康』がすごく読まれていて、あの本を買うなら会社が一部金を出す、という仕組みまであったことを、よく覚えています。信長にも秀吉にも興味はないけど、天下人のなかで、唯一気になるのは家康ですね。

家康が大した政治家だというのは、土佐藩の処遇ひとつをみてもわかります。というのは、山内一豊は、本来ならば豊臣方についたかもしれない情勢で、真っ先に家康支持を表明したという功績で、一気に石高四倍加増されるわけです。つまり、自分にいち早く味方した者を、誰の目にもわかりやすく褒め称える。その一方で、一豊は、遠江から四国山地の向こう側まで飛ばされたともいえるわけです。参勤交代ひとつとっても、大変な出費ですよ。しかも、そこには長宗我部の旧臣たちという不満分子がいっぱいいる。表面上は大きく取り立てながら、しっかり足枷もはめるというのは、やはり人使いの天才としかいいようがない。

時の緩やかな流れに

縄田　平成に入ってからの時代小説の大きな特徴のひとつは、庶民の暮らしを描いたいわゆる市井ものの隆盛です。ことにバブル時には剣豪もの、武将ものが売れたのに対し、バブル崩壊後には市井ものが売れるようになった。

その先駆け的存在といえるのは、平岩弓枝さんでしょう。代表作の『御宿かわせみ』シリーズにしても、かわせみという宿に集まってくる人々の人生模様を丹念に描き、今なお書き継がれています。地縁血縁で結ばれ、他人の痛みを我がことのように共有する、日本人の生活の原風景を描いている。池波正太郎さんの『鬼平犯科帳』や『剣客商売』も、組織や家族のつながりを軸に、登場人物たちの生活の匂いまで感じられるようです。

山本　『剣客商売』には心して近づかないようにしているんですよ。うっかりすると、全巻読み返すことになってしまう（笑）。

縄田　藤沢周平さんしかり、北原亞以子さんしかり、スーパーマン的なヒーローなんて一人もいない、みんな人間臭く、リアルで、生活の匂いがして、何か人間としてまっとうな暮しがここにある、という気にさせられます。そして平成になると、山本さんはじめ、宮部みゆきさん、宇江佐真理さん、諸田玲子さんといった作家がいっせいに市井ものの秀作を発表するようになりました。

面白いのは、その流れは、武将ものにも影響を与えていることです。これまで、どうしても信長、秀吉、家康といった天下人に人気が集中していたのが、天下を取らなかった武将を扱った作品が関心を集めています。たとえば火坂雅志『天地人』の直江兼続などはその好例でしょう。関ヶ原以降、領国を減らされても、家臣をリストラせずに、自分で農業の手引書を書いたり、殖産興業に取り組んだ姿が、読者の共感を呼んだ。

本郷　山本さんの作品を読むと、まさに今、登場人物たちがそこにいるような生活感、息吹きのようなものまで感じます。それは、舞台として現代ではなく、江戸の町を選んだことと、やはり関係があるのでしょうか。

山本　それはどうして時代小説を書くのか、という問いにもつながることですね。私は自分のことしか言えませんが、今の時代を舞台にすると、あまりにも道具が発達しすぎているんですよ。ともすれば、人間ではなくて、道具が物語の主役になってしまう。ところが、江戸は何でも人がやらないといけないんです。人に何かを伝えるには、自分で行って会うか、誰かに言伝を頼んだり文を渡してもらったりするほかない。

もうひとつには、時の流れがすごく緩やかなんですね。江戸開府の慶長八年（一六〇三年）の人間と、幕末は慶応四年（一八六八年）の人間がばったり通りで出会っても会話は成り立つと思うんです。電気も水道もないし、政権はずっと徳川家だし。

でも、今では二十年経つともう会話が成り立たなくなってしまう。そういう時代に生きていると、長い目でものごとをみていくことが出来なくて、いま、目の前にあるものはすぐに移り変わってしまうものだ、という前提で生きるほかなくなってしまった。だからこそ、たとえ物語の中だけでも、緩やかな時の流れに自分を包んでもらえるようなものを欲しがるのではないか、という気がしてなりませんね。

本郷　確かに、私と同年輩の五十歳前後の人に会うと、いちばん切実な悩みとして、時代に取り残される恐怖が挙がってくるんですね。それこそＩＴ関連などでは、今の一年は昔の十年よりも大きく変化してしまう。だから、ある意味、人間が機械技術についていけなくて、へとへとになっている。

山本　そうなんですよ。きっと、人が生きている時間の流れとしては、現代は早すぎるのだと思う。

縄田　たとえば恋愛ひとつをとっても、藤沢周平さんの『蟬しぐれ』が読者を強く引き付け続けるのは、思いを遂げるまでの距離の長さ、たっぷりした時間が描かれているからですね。命をかけて何年も胸に秘め、想いをはぐくみ続ける、という物語は、もはや時代小説でなければ成立しないのかもしれません。

山本　一言でいうと、不便なんですよ。その不便さを味わえるのがいかに大事なことか。

本郷　不便だからこそ、そこに人間の本質が出てくるわけですね。

初出一覧

第一章「六十歳になったら読み返したい41冊」(『文藝春秋』２０１２年11月号)
第二章「世界遺産に残したい『不滅の名著』百冊」(『文藝春秋』２０１４年5月号)
第三章「『これから』を支えてくれる古典」(『文藝春秋SPECIAL』２０１１年春号)
第四章「わが心の書」(『文藝春秋SPECIAL』２００９年春号)
第五章「縦横無尽に面白い時代小説50本」(『文藝春秋』２０１０年5月号)

※著作権者につきまして、転居先不明のため連絡がつかない方がありました。お気づきの方は、編集部までご一報ください。

文春新書

1442

定年後に読む不滅の名著200選

2024年3月20日　第1刷発行

編　　者　　文藝春秋

発行者　　大松芳男

発行所　株式会社　文藝春秋

〒102-8008　東京都千代田区紀尾井町3-23
電話（03）3265-1211（代表）

印刷所　　理想社
付物印刷　大日本印刷
製本所　　大口製本

定価はカバーに表示してあります。
万一、落丁・乱丁の場合は小社製作部宛お送り下さい。
送料小社負担でお取替え致します。

ISBN978-4-16-661442-4

文春新書のロングセラー